守望经济统计麦田

邱东 著

东北财经大学出版社 | 大连
Dongbei University of Finance & Economics Press

图书在版编目（CIP）数据

守望经济统计麦田 / 邱东著. 一大连：东北财经大学出版社，2021.8
ISBN 978-7-5654-4224-7

Ⅰ．守… Ⅱ．邱… Ⅲ．统计学-文集 Ⅳ．C8-53

中国版本图书馆CIP数据核字（2021）第115598号

东北财经大学出版社出版发行

　大连市黑石礁尖山街217号　邮政编码　116025
　网　　址：http://www.dufep.cn
　读者信箱：dufep @ dufe.edu.cn
大连图腾彩色印刷有限公司印刷

幅面尺寸：170mm×240mm　字数：208千字　印张：14.5
2021年8月第1版　　　　　2021年8月第1次印刷
责任编辑：刘　佳　　　　　责任校对：孟　鑫　石建华
封面设计：原　皓　　　　　版式设计：原　皓
定价：48.00元

目 录

自　序

经济统计随笔应该具备的四种品质

笔者以为，经济统计随笔至少应该具备以下四种品质：

首先是研究选题的社会"相关性"。

经济统计随笔本质上是一种专业的社会呼唤，不应该自娱自乐，更不能无病呻吟。在现代社会，经济测度对经济主体决策具有不可或缺的基础作用，"国势研判"不仅仅为政府服务，也与千千万万的个体密切相关，因此，百姓才那么关心指数和GDP的态势。

高质量发展是中国当下的"不选之选"，但需要高质量"国势研判"等"软实力"的构建。要在世界上最大的发展中国家实现现代化，要在"两个十五年"期间跨越提升到发达国家水平，任重道远。问题在于，经济统计的判断并非一目了然，所谓经济学专家的测度认知能力都大有缺欠，社会上各种争议五花八门，噪声充斥，迫切需要通过"授业"来"传道"并"解惑"，需要厘清本专业的社会担当，需要重视职业操守，需要对专业持敬畏之心，把事当事。对"此道中人"而言，更需要一种坚忍不拔的精神，虽处冷门、虽耗心力、虽眼下"低效"，也能不忘初心，坚守本职。

作为发展中国家的学者，要知道社会能用于科学研究的资源有限，有学问和做学问，都不能成为占用学术和教育资源的充足理由。特别是社会科学研究，更需要关注社会发展亟待解决的问题，关注我们能够为民众福祉做出什么相应的贡献。

专业学者同样应该具有杜甫的人文关怀精神：安得广厦千万间，大庇天下寒士俱欢颜。戴世光先生值抗战时期归国，途中仍心系祖国安危，写信给母校校长，请求安排工作，"无论前方后方，不拘报酬有无，生皆愿往"。笔者的博士学位导师佟哲晖先生，抗战时期在西南地区深入矿山搞经济资源调查，抗战胜利后，又参与对华北等地矿物资源数据的系统梳理。改革开放后，戴先生撰写了《国民收入统计方法论》等专业著作，佟哲晖先生主持编写了"文化大革命"后国内第一部经济统计学教材，这些研究，和当时积极参与新时期经济统计改革的同行一道，为我国国民核算与世界接轨做出了重要贡献。

仿效前贤，身体力行，关键一点便是注重研究选题的社会相关性。而闭门造车，搞黑板经济，则大谬其道。论文专著要有理论和实践意义，需要切中社会经济重大课题，随笔也不例外。

在国外，essay 这种文体颇具传统，柏拉图、蒙田、克尔凯郭尔、西美尔、本雅明、卢卡奇等，名家撰写，名篇流传。当代哲学家卢卡奇就强调指出，最伟大的 essay（因其"具随笔之形，有论文之实"，中国学者梁归智、赵勇等主张将其译为"论笔"）作家通过其作品向生活直接提问。当下的一个突出例证就是齐泽克、阿甘本等赫赫有名的大学者，纷纷就疫情背景下的"生命政治"展开分析和批评。

其次是研究内涵的"思想性"。

表面上看，"政治算术"在计算上比较简单。然而，其难在于内核，且何其之难：为什么可以这么计算？也就是指标方法机理，即便在专业圈里，也很少有人能真正系统地说清楚，留存的疑题颇多。众人耳熟能详的GDP，就隐匿着若干测度陷阱，无法真正解决，笔者认为，这是"人类共同面临的测度难题"。生产率测度大师乔根森教授 2018 年在《生产与福利：经济测度的进步》一文中不客气地指出，经济学家对此鲜有助益，从而需要将经济统计专业教育再注入经济学，让新一代经济学家堪当此任。

"不确定性"是多元的，社会现象除了"随机不确定性"之外，往往还隐含着"模糊不确定性"，因此，仅"指标口径"的确定就特别麻烦，现有经济统计方法和应用中隐含了为数不少的"测度陷阱"，使得数据结果或许隐含着多维度的偏误。这些问题的解决，需要严肃的、深入的、拓展性的和提升性的专业思考。

同时，经济学对数理工具的选择应该是开放的，除了常用的概率统计、线性代数、微积分，还需要包括模糊数学、离散数学、灰色分析、粗糙集、场论、有限元法等等，绝不能仅仅局限于某一种工具。但无论基础宽窄，数理工具仅仅是工具，是领域专业思想实现的手段，不应该本末倒置。凡事道理为大，对经济统计方法论研究而言，就应当以指标机理为专业至要。

真要具备与社会现实决策的相关性，经济统计随笔当以专业思想性为第一要务。如果没有思想，虽符合文章八股和现代研究"洋八股"的形式化要求，但失去了灵魂，不过貌似科学的刻板作业，这种了无生气的线性存在，其社会意义荡然无存。毛主席在《反对党八股》中痛加鞭挞，至今不失其现实指导意义。不论什么专业，最终都可归结到对生命的敬畏。通过思考追求生命意义，本是专业人生的价值所在，更是学者回馈于社会的实在行为。

不可或缺的是研究的"创新性"。

需要强调指出的是，经济统计随笔并不是炒冷饭，不是拿现成的东西变花样做文章，而属于思想产品的生产，是"相应性"研究的一种。议题可能是同样的，甚至是热门的，但需置身于合宜的研究格局，必不可少的是独特的观点。经济统计在生产测度中讲究"增加值"，经济统计研究更应该身体力行。

即为思想产品的生产，与商品（含服务）生产相同，只有具备了创新性的内容，才可以考虑计算为产值。光是思考还不够，还得是有效的思考。社会现实和已有文献都只是提供了思考的中间消耗材料，需要信息深度加工，需要呕心沥血，需要给出更高质量内涵的新信息，这样才对得起出版单位的投入，才对得起读者所花费的时间和精力。

如果能让人耳目一新、豁然开朗，当然更好。碰到这样好的随笔作品，可以在课堂上讲授给学生，或作为专业教育的辅助材料开展讨论，弥补现成教材的缺失，有利于举一反三，发挥教育滋养人性、提升、拓展和深化的效应。确为"金句"，可以影响人的一生，而佳作连连，能让一份刊物引人入胜，这些都需要靠思想的创新。

然而，创新并不容易，作品能够切实具有某种"创新性"就是了不得的成就，而其基本前提是对测度过程所隐含问题的揭示。专业创新更需要基础性工作，不破不立，经济统计的创新性往往意味着对测度陷阱的警示。由此，我们应该有人勇于担当，甘愿来做"麦田里的守望者"。

在塞林格先生的这部名著中有这样一段话："我呢，就站在那混账的悬崖边。我的职务是在那儿守望，要是有哪个孩子往悬崖边奔来，我就把他捉住——我是说孩子们都在狂奔，也不知道自己是在往哪儿跑，我得从什么地方出来，把他们捉住。我整天就干这样的事。我只想当个麦田里的守望者。我知道这有点异想天开，可我真正喜欢干的就是这个。"

由于各种指标往往带病运行，由于经济统计往往处于"悖境"之中，社会上好多人过分地盲目地依赖自己选用的指标，"不知道自己不知道"。借用塞林格先生的隐喻，我们需要在测度陷阱的周边守望，大声疾呼，显化隐含陷阱的存在，让人们产生解决测度问题的动力。齐心合力，方能取得经济统计方法论的进步。如果没有"问题意识"，也就压根儿不用创新，抄抄作业就万事大吉。

还需要丰富行文的"意趣性"。

真正的学问，不是自恃高深，把人挡在门外。相反，却是练就深入浅出的本事，能把人拉进门来。对自己而言，做学问需要坚持"坐冷板凳"，这是为了换得别人少"坐冷板凳"。有的人瞧不起所谓"科普"文章，其实是看低了"科学文化"事业。

不过，笔者并不喜欢"科普"这个说法，总感觉那是一种居高临下的姿态。恐怕只有佛的眼光才是向下的，多数人没有这个资格。真正的学科纵横交流、真正的文化交流，应该是一种谈心，彼此眼光应该平视，很像在东北炕头上坐着唠嗑，或者，咖啡馆里话题意义上的高谈阔论。

当然，对那些混淆视听的大谬之见，比如对"中国是世界上最大的碳排放国"这种貌似客观的测度，需要针锋相对地指出其隐含谬误所在，据理力争，以改变国外因此而形成的负面印象。"意趣"本来丰富多彩，慷慨陈词也可以是其一种。

有的人总觉得，正襟危坐才是科学工作者唯一的姿态。这是一种深深的误解，笔者推荐诸位阅读《隐秩序：适应性造就复杂性》（"哲人石丛书"，上海科技教育出版社 2019 年 1 月中文版），以利于纠正其偏。

遗传算法的发明人霍兰教授在该书中文版序言中明确指出："大多数科学家都认同隐喻和模型的作用，但深入地描述其作用的则是寥寥无几，麦克斯韦（James Clerk Maxwell）是一个伟大的例外。""我相信，丰富的隐喻和类比，是创造性的科学和诗歌的核心。""真正综合两种传统——欧美科学的逻辑-数学方法与中国传统的隐喻类比相结合，可能会有效地打破现存两种传统截然分离的种种限制。在人类历史上，我们正面临着复杂问题的研究，综合两种传统或许能够使我们做得更好。"在第 4 章阐述"模拟的本质"时，霍兰教授指出："建模是一种选择艺术，它选择与所研究问题有关的方面。同任何艺术一样，这种选择受爱好、品味和隐喻的指引。这是一个归纳问题，而非演绎问题。高等的科学需要依靠这种艺术。"

霍兰教授的观点简洁明了，无需我再做解释。真正面对复杂性现象，东方思维中的综合性特征就显示出其优越，领悟到这一点就容易理解，为什么霍兰教授会秉持这种学科观。霍兰教授的榜样告诉我们，真正高水平的科学家不仅不刻板，反倒是视野开阔、情操丰富。而情操，恐怕不能靠机械训练灌输出来，得靠教育的"育"——长期熏陶，而阅读高水准的、充满意趣的随笔恰恰是滋养情操的一种有效方式。

还有人可能诧异，你号称统计作品，怎么书里公式和数字很少呢？我的回答是，世界上相当一批经济统计文献如此，内容集中于理论和方法论讨论，确实没有多少公式和数字，而这种研究是一种不可或缺的客观存在。

即便是数理统计领域，也有以思想性文章为荣的先例。中国台湾著名统计学者赵民德先生，在国际期刊上论文发表成绩斐然，不过他最看好的就是《万物有常世事多变》。他在《中国统计》发表的一篇随笔，里面公式和数字也很少，赵先生反倒自认为这一篇学问最大，是他毕生学问的精华。

换个视角分析，笔者认为这种文章里"数据"满满啊！这涉及到如何把握数据的内涵。太多的经济学论文中专注于数字处理，可是"数多据少"，"据"远不足以支撑其"数"。为了平衡这种形式化的偏态分布，身体力行地回归学科重心的正态分布，即统计学所倡导的基本精神，笔者乐意聚焦于阐述数据之"据"，大讲特讲，从各种角度来讲，以研究数据之"据"为己任。

应该有人学做像国民经济核算大师 Peter Hill（SNA 1993年版的主笔）那样的"概念思考者（conceptual thinker）"，而不仅仅是"数据操作者（data person）"。思路决定出路，数据挖掘的本质是指标机理的逻辑挖掘，非此则难以避开或处理好实证分析可能面临的陷阱。毕竟，我们不是在抽象空间里搞数字，而是在现实社会中应用指标和测度方法，如果真要达成前述的"相关性"，也就是应用中的"应"，就更需要关注数据之"据"。

理论是灰色的，而生命之树常青。也正是因为讲究数据之"据"，我们才应该讲究经济统计随笔的意趣性。"数据之海"并不整齐划一，可能波澜不惊，或可能暗流涌动，也可能惊涛骇浪，所以意象丰富，所以趣味无穷。

（刊发于《中国统计》2021年第4期）

践行社会经济统计的历史使命，高质量研判国势

——落实中央规划《建议》精神的专题思考

为实现"十四五"规划和二〇三五年远景目标，党的十九届五中全会发布了《中共中央关于制定国民经济和社会发展第十四个五年规划和二〇三五年远景目标的建议》（以下简称《建议》）。作为专业职能部门，国家统计系统该如何落实《建议》的精神？笔者的建议是：践行社会经济统计的历史使命，高质量研判国势，为"十四五"规划和二〇三五年远景目标的制定与实施提供扎实的专业基础。具体而论，做好统计相应的工作至少应该包含以下六个方面。

第一，积极参与规划制定的测算和实施的监测评估。

习近平总书记在做关于《建议》说明时指出：建议稿对"十四五"和到2035年经济发展目标采取了以定性表述为主、蕴含定量的方式。编制规划《纲要》时可以在认真测算基础上提出相应的量化目标。这里"认真测算"的基础工作责无旁贷地落在国家统计系统，需要我们挺身而出，且行动到位。

当然，国家统计系统并不能包揽所有统计，其主业正如每年发布公报所示，是从事国民经济和社会发展的统计。而且，其中某些专业统计还需要由其他政府部门辅助，国家统计系统是综合统计部门，还要担负相关部门间的政府统计协调功能，专有所为，且有所不为，这是明确专业乃至主业的意义所在。

立地方能顶天，办法支撑想法。各部门当务之急，就是从落实《建议》的第60条做起。由于部门专业特点，国家统计系统的参与并非一时突击。在发展新格局中，还要持续参与对规划实施过程的监测评估，为中央和民众提供所需的适时宏观信息。

第二，助力认清"新发展格局"的出发点。

尽管中国改革开放取得的成就巨大，但毕竟原来的起点过低、家底过薄。党的十九大对我国社会主义所处历史阶段做出"两个没有变"的重大判断，其中就有《建议》明确指出的"两个没变"：我国仍处于并将长期处于社会主义初级阶段的基本国情没有变，我国是世界最大发展中国家的国际地位没有变。从专业角度看，这种定性表述也蕴含着定量描述，需要我们做出详细说明。系统的经济统计分析不能仅仅局限于GDP总量，初级的、静态的比重指标和平均指标也不够用，测度、核算与国际比较都需要深化、提升和拓展。

我们通常习惯讲"国情国力"，而在新发展阶段更需要强调"国势"，一是应该避免专注"国力"时容易引发的弊端——偏向实物生产和数量总量，而"国势"研判则更加强调：（1）格局与系统结构；（2）质量；（3）趋势；（4）软实力因素（包含国家信用）。二是不忘初心，从本专业的源头出发。360多年前，出于国家管理和国际竞争与崛起的需要，德国乃至欧洲大陆"国势学"产生并流行，而在英国，威廉·配第先生撰写了《政治算术》，实质是定量的国势学。专业认知与实践流传至今，逐步发展形成以经济测度、国民核算和国际比较为主体的体系化内容，即现代社会经济统计，由各国际组织主持实施。经济统计的世界发展史明晰地告示我们，国势研判是本专业的初心。

高质量发展基于高质量的国势研判，要尽量避免似是而非的混淆和误判。曾有人因为贸易差额占GDP的比重小而断定，中美贸易争端对中国发展的影响有限，可见应对冲突的测算基础严重不足。有的人无视中国产业发展面临上压下挤的严峻局势，仍然片面地讨论"中国制造业大国地位可否被取代"之类的问题。如果我们切实领会 "两个没有变"的基本判断，就应该把工作重心放在突破发达国家对中国产业提升的遏制上，放在国内大循环的机制构建上，当前应该抓紧用实招，充分利用产业布局黏性和疫情客观上造成的机会窗口期。

第三，让社会经济统计成为坚持系统观念的主要抓手。

《建议》首次提出规划和实施要坚持系统观念，这是工作落实的关键，非常重要。切实贯彻之，我们对重大系列相关问题的思考和解答应该逻辑自洽；对相同问题的不同观点应该交叉，不能自说自话。

坚持系统观念，我们当然应该看到中国经济之大，总量、规模、流量和有形生产之大，同时是否还应该看到中国经济之小？毕竟我们在均量、效益、存量和高质量服务等方面重任在肩，亟待壮大。

坚持系统观念，社会经济统计应该特别关注指标间此起彼伏的"跷跷板"关系，例如，禁止进口垃圾可能造成某些产业的原材料成本上升。再如，系统观念对国势研判的一个启示是，如果认定中美贸易差额没有那么大，同样的理由就可以表明：我们GDP总量里的"中间消耗"还没扣净。GDP作为"增加值之和"仅仅是"理论概念"，其成立的前提正是完全剔除"中间消耗"，但这需要扎实的产业统计基础。在产业全球化背景下，对"产品总装国"和"贸易中心国"而言，往往容易虚增本国增加值。由于GDP容易沦为类似"流转额"的指标，我们在国势研判时就需要格外当心测度陷阱。中国肯定是"经济流转总量大国"，但确认作为"经济总量大国"究竟有多大，还需进一步夯实数据基础。

坚持系统观念，我们还应该定量预警发展过程中隐含的风险。为此，既要关注美欧等遏制中国产业升级采用极端手段的负面影响，也应该逐个产业剖析一组新兴国家替代中国中低端产业的现实竞争态势，还应该推演国内供求矛盾和风险的可能后果，分级做出预案。实现这一宏伟目标，任重而道险，我们要避免线性进步认知、避免"GDP幻觉"、避免盲目乐观和坐等情绪、避免形式化动作对中国新发展格局的危害。

第四，补足统计系统自身的短板，"推进统计现代化改革"。

发展中国家的特征就是重实物生产、重实物基础结构（如高速、高铁等）、重硬实力，而轻现代产业服务、轻"社会基础结构"、轻软实力。我们以经济建设为中心，但毕竟资源、资金和精力有限，难以摆脱现实约束。社会经济统计作为公共产品，正是"社会基础结构"的组成部分，当然也就应当位于"补短板"之列，是"完善宏观经济治理"的重要内容。

在20世纪90年代初，国家统计局开始国民核算体系的转型，但"发展不平衡不充分"在核算体系建设过程中也有所体现。究竟如何估计当下中国社会经济统计和国民核算的实践水平？平心而论，实践水平还不太高，仍然与"发展中"的总体水平相匹配。这和其他相关因素一道，证实了"中国仍然是发展中国家"这个基本判断。

例如，投入产出表，我们的部门分类刚刚达到149个，且刚刚开始编制供给使用表（70×60），而美国则是405个，日本为509个。投入产出表的功能强弱恰恰取决于部门分类的详细程度高低，即需要充分厘清"中间消耗"的基础数据。在全球化背景下，细化部门分类尤为重要。然而，分类详尽又难以短期快速提升，因为需要现代产业统计的系统构建。产业统计基础不扎实，宏观统计就容易空心化。

再比如，离《联合国2030可持续发展议程》的目标期限只剩下不到十年的时间，在232个分解指标中，中国目前能提供基础数据的有多少？怎样尽可能补足基础数据短板？这些都是我们要思考和为之努力的议题，如果连与目标的差距尚不清楚，又如何达成预期目标的承诺？

坚持系统观念，"推进统计现代化改革"，谁来推进？不同部门不同层级分别推进什么？需要哪些条件？社会如何提供之？只有对这些问题做出机制性的安排，才可能达成本部门对规划建议的真正落实。

第五，跟进国际经济统计的发展步伐。

21世纪以来，国际经济统计领域加紧了适应宏观管理需要而改革的步伐，"超越GDP"蔚然成风。法国前总统萨科齐在其任内大力倡导"测度改革"，诺贝尔经济学奖得主斯蒂格利茨教授于2010年领衔研发的第一份经济测度报告，对GDP统计、福利测度和可持续发展测度做了较为系统的分析。

2018年，OECD发表了斯蒂格利茨领衔研发的第二份经济测度报告，除了方法论的一般性论述和经济下行测度外，还包括了九大议题：（1）可持续发展目标（SDGs）；（2）居民户收入、消费和财产分配；（3）横向不平等；（4）机会不平等；（5）国民分配账户；（6）主观福利；（7）经济安全；（8）可持续发展；（9）信任和社会资本。

2016年，查尔斯·宾教授受邀主持了英国经济统计独立报告。2018年，戴尔·乔根森在Journal of Economic Literature（JEL）发表《生产与福利：经济测度的进步》，其中概括总结了"经济统计学家（Economic Statisticians）"对经济测度的十二项重大贡献。日本广岛修道大学张南教授的著作《资金流量分析：创新与发展》2020年由斯普林格出版社出版，其中介绍了国际资金循环的概念，分析了国际资金循环分析的理论框架，考察了中国对外资金循环的特点及存在的问题，根据此分析框架提出了相应的政策建议。荷兰阿姆斯特丹大学的丹尼尔·缪格（Daniel MÜgge）教授团队目前正在从事欧盟资助的社会科学研究项目，对国际经济统计方法论和实践问题做了较为深入的专题探讨，已经发表了系列论文。

针对全球价值链发展，各种国际组织进行了多种专题和专项研究，发表了《全球化对国民账户的影响》、《全球生产测算指南》和《全球价值链核算手册：全球价值链卫星账户和综合商业统计》等系列成果，还就数据共享和交换提出探索。

他山之石可以攻玉，对中国经济统计的专业提升、对统计助力实现"两个十五年"规划目标，以上述成果为代表的海外经济统计研究颇具借鉴意义，值得国人重视。无视海外经济统计理论和方法论研究，动不动就喊口号，所谓开创"新经济统计学"，实在是哈耶克所批判的"知识的僭妄"。当然我们也不能迷信和照搬国外专业成果，而应该系统地学习与批判。

第六，让社会经济统计成为提升中国国家信用的利器。

市场经济全球化发展，国家信用相当重要。美欧等发达国家遏制中国发展，一个重要手段是诋毁中国的国家信用。遗憾的是，这些国家对文明等级的划分，使得多年来对中国的印象还停留在过去。在经济领域一个典型例证就是，它们给中国扣上了世界资源消耗大国和"最大污染输出国"的帽子。其实，基于"平权原则"而强调人均量指标，再采用"多生产多排放"和"多消费多担责"两个视角分析，就可以深刻揭露只讲碳排放总量所隐含的测度陷阱。

中国发展不仅造福本国民众，还对世界做出了三大贡献：（1）全球贫困人口减少的中国份额占了七成以上；（2）重大金融危机时中国担当了大国责任；（3）中国承担了巨大的全球发展的隐形环境成本。中国学者应该分别做出量化分析，昭示世界，而社会经济统计应该为提升中国国家信用承担更多的责任。

刊发于《中国统计》2020年第12期

破除"三大误解",切实提升高质量研判国势的专业素质

本文为《践行社会经济统计的历史使命,高质量研判国势 —— 落实中央规划〈建议〉精神的专题思考》的续篇。

事业维系于人,作为一项高智力工作,政府统计(从其主体内容看即社会经济统计,或作为社会科学的统计学)更需要高质量的专业人才队伍作为基础。落实《建议》的指示,高质量研判国势,需要切实尊重专业,着力提升职业素质。

其中一项重大基础性工作,就是在思想观念上切实破除事关统计工作格局和质量的"三大误解"。一是经济管理界和数理统计界都存在的误解 —— 经济统计非常简单,好像指标就是口径规定,计算也无非加减乘除,不需要科学研究。二是各种国际标准早已设立,中国的政府统计参照执行就可以了。三是将经济统计完全归为数理统计方法套用在社会经济领域,既无视其他数理工具,又把"应用"当作"套用"。这三大误解严重影响了中国社会经济统计专业人才队伍的建设,亟待正本清源。

一、社会经济统计绝不简单

宏观经济学通常都以经济统计学原理开始,但所述内容仅仅是经济统计学最为基础的部分。经济统计学研究成果颇丰,世纪之交时美国经济界知名人士回顾20世纪,将GDP统计归结为"人类最伟大的发明之一"。但

同样需要强调的是，既为"政治算术"，其困难并不在计算，而在政治。政治与经济是不可分的，为了数学处理方便而将政治因素剔除，是当代经济学的一个根本缺陷。

好多人更加喜欢和崇拜高深的经济计量模型，但很多时候模型不过是算术四则运算的衍生品，要辩证地看待模型，不能偏信更不能"迷信"。一定要明白各因素之间的可加性、可比性是基础性要求，否则就很容易颠覆看似漂亮的所谓实证结论。现有经济统计方法和标准中包含（隐含）了不少测度陷阱，至今尚未得出一致结论，需要专业的深入、提升和拓展研究。

人们经常使用"价值指标"，以为计算上非常简单，忽视了对其计算机理的分析和解读。须知，达成价值指标的可加性，既需要经济理论假设，也需要付出代价。从而，我们应该着重理解其"何以可加"：（1）价格同时作为度量因素和权数；（2）以"一价定律"成立作为前提；（3）"显示性偏好"作为规范性设定；（4）需要区分名义产出与实际产出；（5）代价之一：价格测度更为重要；（6）代价之二：产品确认作为基础。这些前提、设定和代价都会影响价值指标的使用效果，是否成立，需要深入探讨。

无论中外都把GDP当成"核心指标"，其实定位不当。GDP等总量只是"基础指标"，真正刻画经济结构和质量的指标才能作为核心指标。然而，经济学界至今都没能确定切实可行的、优化的核心指标。如在斯蒂格利茨教授主持的经济测度报告中，有专家提出"经过调整的净储蓄ANS"，打算用之替代GDP作为核心指标。但该报告所忽略的是，"固定资本消耗"估算的不确定性并未解决，测度争议往往回到起点。

不少人以为，确定"指标口径"不算什么学问。项目的包含与否似乎很烦琐，但要害在于为什么，涵盖与否的机理藏着大学问。事物（变量）的内外边界无法绝对地划分，在测度边界实施"配第切割"后，"系统外部冲击"大小往往与指标的外延定义相关，比如，GDP使用法公式、绿色GDP的资源环境因素定价、SNA的"国外"账户、SNA"中心框架+卫星账户"模式、气候变化经济学模型等,都表明所谓"系统外部冲击"无法全部纳入测度和计量模型,对测度和计量效果大有影响。

在诸多经济分析中,全要素生产率分析颇为流行,不过在实证之前还需明确,模型中究竟隐含了哪些测度陷阱?例如:(1)"全要素"究竟全不全?(2)劳动、资本和技术三个要素是否严格可分解?(3)生产率分析的基础测度及其"内在一致性"如何?(4)从参数估计角度看,"一时一地"推导出来的变量间关系为何可推广到"他时他地"?(5)生产率分析隐含的种种假设对实证结果的影响究竟如何?

针对斯蒂格利茨教授于2018年主持的第二份经济测度报告,笔者概括总结了经济测度隐含的四大矛盾:主观性与客观性、一般性与特殊性、必要性与可行性、评价内容的全面性与结果的单一指向性。为调和这些矛盾,切实地达成使命,经济统计学需要包含四大基本内容:(1)为什么需要这种测度?(2)对象("测度什么")及其时空限制("指标口径")?(3)如何测度?(4)"为什么能够(不能)如此测度"?方法论研究应该建立"蓝军"机制,以助于提升方法应用的实效。概括而言就是经济统计学科主体内容的八个字:"意义、对象、方法、机理"。当然,学科发展还需将这些内容系统化,并处理好与相关学科间的关系。

经济理论概念与经济统计的测度概念往往存在很大区别,指标必须是可测度、可操作的概念。从理论到可靠的实证结论乃至切实的对策建议,其间需要经济统计方法论研究作为桥梁。

这里需要特别注意两点:第一,学者的经济统计方法论研究与常规的经济统计操作之间存在着相当大的区别,典型的如早在19世纪30年代,就有巫宝山先生等知名学者对国民收入统计做出过世界级高水平的估算,但中国国民收入统计的系统实施其实始于改革开放之后。第二,宣布实施某种核算制度与将该制度实施到位还不同,二者之间存在着相当大的差别。例如,SNA本身是一个动态的核算体系,历史上存在过1953年版、1968年版、1993年版、2008年版,按照修订安排,2023年预计会发布最新的版本。中国在20世纪90年代开始实施SNA,国家统计局也会适时修订新的核算体系,但我们的核算实际水平究竟达到了什么程度?这并不是一个容易回答的问题,中国发展的不平衡不充分在核算水平上得到了证明,作为宏观决策的信息基础,真实核算水平还不容轻视。

二、社会经济统计绝不能仅仅照搬国际标准

社会经济统计是国际交流的语言,当然需要满足通用性,即遵循国际标准。然而如前所提及,国际标准通常基于一般性与特殊性的矛盾及其妥协,而且,标准往往由发达国家的专家制定,做了"平均国"的处理,容易忽略各国的国情特色。问题在于现实国际社会中,国家仍然是,也将持续是利益分配的基本单位,从而也应该是测度、核算和比较的基本单位。中国作为大国更需要认真对待,哪怕已经成为全球标准的经济统计操作,也应该系统地深入检讨。例如,欧盟与美国的碳排放解决方案不同,就隐含了不同的利益诉求和测度指向。

作为发展中国家,往往需要与现有的约束条件妥协,尤其在国际规则上,即便明显不合理的规定,修订和改变也往往很难。但是,这并不意味着我们可以放弃深入研究,放弃为争取国家正当利益的争辩。经济统计方法论研究的功能就在于由表及里,由里及表;由彼及此,由此及彼。下面强调提出三种需要深化的经济统计内容。

第一,特别需要提防环境指标的测度和比较陷阱。

国际组织数据库列示了 15 个"碳排放"大国,中国近年来长期被摆在第一位,似乎真是"中国生产损害了世界人民"。其实按什么指标排序非常重要,仅仅看"碳排放总量"并不合理。改为按"人均排放量"看,中国 2019 年在前 15 个碳排放大国中仅仅排第 10 位。"丁仲礼之问"值得深思,"中国人是不是人?"如果真是"人人生而平等",为什么发达国家在环境资源责任上坚持"国家单位"?在其他测度上却特别强调"个人单位"。为什么奥巴马说中国人达到美国人的生活水平是全世界的灾难?为

什么非得是"美国第一"？

除了人均视角外，还可以从什么角度对环境责任做深入分析呢？如果"多生产多排放"，能否测度"单位制造业增加值碳排放量"？如果"多消费多担责"，能否测度"单位最终消费额的碳排放量"？资源可转移，环境无国界，目前的生产力还没有发达到只用清洁生产就能维系全球需求的地步。发达国家标榜使用清洁能源，但生产清洁能源设备时造成的污染却留在了发展中国家，它们还堂而皇之地将垃圾和非清洁生产输出到穷国，所以，对于"污染发生国（直接责任国）"与"污染最终责任国（实际责任国）"的标准截然不同。

中国工业生产量大，且多数产品生产处于全球产业链的低端和中端，从事生产而造成碳排放，实际上是出于全球最终消费者的需求。应该强调这样一个基本判断：别国在进口中国产品时，实际上搭便车输出了"碳排放"，是隐性的"污染输出国"。例如，美国从中国进口钢材生产特种钢，而不是从澳大利亚进口铁矿石炼铁炼钢，就躲开了非清洁生产环节；再例如，欧洲从中国进口太阳能设备，并没有将设备生产中的废料一同收下。

一般而言，如果不是发展中国家从事低端产业，发达国家就需要在其国土上从事所谓"非清洁生产"，"碳排放"责任就无法转嫁给别国。应该深思，产业的国际分工对不同国民究竟意味着什么？贵族有钱可以在豪华餐馆享用烤乳猪，但没有资格指责后厨的垃圾肮脏，也不该埋怨厨师残忍，或者耗用食材过多。

第二，如何看待国际比较项目（ICP）的方法机理及其结果。

ICP的工作目标是测度世界经济的真实规模，搞了50多年，已经成为国际经济统计的常规性项目。进行国际比较不仅要认识世界，还要改变世界，用于决策和治理。从经济统计学原理看，价格水平高（低），真实经济规模小（大），二者的反比关系使得ICP可以成为国际博弈工具。

按照"购买力平价（PPP）"计算，中国已经成为世界上第一大经济体。这个结论被国内外多数经济专家坦然接受。岂不知，ICP只是进行国际经济比较的一种方法，并不能将其奉为圭臬，其方法论还存在相当多值得深究的问题，例如，国家间产出质量差异对国际比较结果的影响究竟如何？

要害在于，ICP 的比较方法建立在"纯价比假设"和"等价比假设"等基本假设的基础上，实施中无法在国家间找到"同质产出"进行比较。而这往往忽略了发达国家产出中隐含的高质量因素，系统性地高估了其实际价格，低估了其实际产出，相比而言，这同时低估了发展中国家的实际价格，高估了其实际产出，存在系统性偏差。总之，ICP 结果与实际国际经济关系、与人们对不同国家真实经济规模的认知未必相同。ICP 并不是放之四海而皆准的法则，不应该对其盲目套用。

第三，关注生产与收入、使用的指标差异。

普林斯顿大学的迪顿教授 2020 年初在美国经济学年会上强调指出："我们不能消费非我所属"，这意味着，国民总收入（GNI）指标对评估真实受益的重要性。

"国外净要素收入"是 GNI 与 GDP 之差，按这个指标可以将各国分为盈余国与赤字国，近 10 年的全球格局是：美日德法四国盈余占全世界总盈余的 70% 以上，"国外净要素收入盈余国"主要是三类国家：最发达国家、石油输出国、劳务输出大国。而"国外净要素收入赤字国"则主要是四类国家：新兴国家、次发达国家、矿产资源国、投资名义国，大致有30 个国家。

参与全球化，应该明确输赢在哪里，这需要做全方位的成本效益分析，更要关注长期成本和隐性成本，不能只看 GDP，还要参照 GNI。从"国外净要素收入"看，美国自 2010 年以来，每年平均高达 3 566 亿美元的盈余，超过了日德法三国盈余之和。特朗普到处退出国际合作组织，不过表现了美国资本无底线的贪婪。再看中国近 10 年的"国外净要素收入"，只有 2014 年该指标数值为正，平均每年为 -376.57 亿美元，值得引起重视。试想一家"今日特价"饭店，如果食客来只点特价菜，该饭店的营业流水或许可能很多,但是否盈利那么多就不确定了。

三、社会经济统计绝不只是把数理统计方法用到本领域

关于社会经济统计与数理统计的关系,需要注意三点:

第一,社会经济现象不仅包括随机不确定性,还包括"模糊不确定性",因而不能仅仅采用数理统计方法,还应该采用模糊学等其他数理方法,不宜取用一种不确定性分析方法包打天下。然而,我们现有专业人才培养的课程分布远离正态,远离中国社会的实际需求,社会经济统计的课程严重萎缩,损害了高质量国势研判的能力培养。

第二,助力制定发展规划,并对实施过程进行测度,数理方法(含数理统计)能够发挥什么样的作用?这需要深入实际、深入思考,不能以为方法科学就万事大吉。"方法带问题(例子)"是编写教材和课堂上照本宣科的做法,搞应用就不能划小圈子自娱自乐。

要特别注意"应用"与"套用"的区别。应用时受到的现实约束颇多,存在不同于抽象空间的认知困难。"经济可加性"与"数学可加性"大有不同,仅仅做"去量纲"处理还不够,还须关注社会经济意义的加持。"应用"需要高度重视"领域科学",而社会经济统计正是达成数理方法与领域知识结合之桥。

典型的例如成本效益分析(CBA),在应用时需要注意的问题包括:(1)成本效益的时空维度把握,长短与大小及其矛盾。(2)隐性成本和隐性效益的显示度"乏晰(fuzzy)";(3)价格信号的失真度,如市场失灵的价格扭曲、信号失真度差异、无法估价部分的处理、公共产品的定价等;(4)成本和效益的变化组合,变化的方向和速率差异包括:一定一变、一升一降、同升同降但速率不同,种种因素严重影响对"净效益"的认知。

第三,大数据时代也就是"大噪声时代",由于有用数据的稀疏性,数据整理方法的重要性上升,贝叶斯统计方法的重要性上升,社会经济统

计的重要性上升，而传统数理分析方法的重要性反而因软件升级而下降，需要注意这种重心转移的趋势。

刊发于《中国统计》2021年第1期

数据之"据"与应用之"应"

数据不是数，数据不是抽象的数、同质的数。数据是有依据的数，至少是隐含着其依据的数。不然，就无法进一步区分（生成）信息或噪声。

把数据两个字拆开来理解，一个是数，一个是其"据"，这样有利于深入理解"数据生成"的真切含义。我以为，我们既应该感谢译者，为data选了"数据"这两个字；还应该感谢东方文化鞭辟入里的传统，我们得以刻意地拆词去加深专业理解。

微软研究院首席研究员凯特·克劳福德曾指出："数据无法自己说话，而数据集——不管它们具有什么样的规模——仍然是人类设计的产物。大数据的工具——例如Apache Hadoop软件框架——并不能使我们摆脱曲解、隔阂和错误的成见。"

按照这个数据认知的基本格局，要在现实社会现象中把握数据之"据"，数据科学的应用不能只是"数学+计算机"或"数理统计学+计算机"，而一定要与"领域科学"相结合，还应该与"质的知识（qualitative knowledge）"相结合。

学科间的结合非常重要，这就应该把"应用"这两个字拆开来理解。应用之"应"，微观地理解，是"相应的应"，即所用的理论和方法与分析对象相匹配、相适应。

笔者认为，检验一项研究的优劣，通常需要考察"三个一致性"：（1）理论的内部一致性，基本概念之间的逻辑自洽。（2）方法的内部一致性，数理工具的逻辑自洽。（3）理论、方法与其所分析（广义的"分析"，包含综合思考）对象的适应性，即其"外部一致性"。对所谓纯理论或纯方法论的研究，保证"内部一致性"就够用了。然而对致用之学而言，"外部一致性"则更为重要。

致用之学之中往往是"可行性为王"，不同观点争辩后所采用的指标往往得"可用"：在社会现实中需满足可加性和可比性，尽管可能在理论概念上存在某些缺陷。因而，可用的未必那么正确，正确的未必足以可用。或者对指标而言，准确与正确有时是分离的：正确未必准确，准确未必正确。

一个比较典型的例子是国内生产总值（GDP）与"国内生产净值（net domestic product，NDP）"二者之间的差异。按照经济统计学的本来要求，产值计算不应该使用"总产出（gross output）"指标，而应该以"净增加值（net value added）"为准，但由于"固定资本消耗"（也就是民间所说的"折旧"）难以测度，只能在两个基本假设（生命周期长度和资本消耗模式）下进行估算。

既要尽可能剔除"中间消耗"的"重复计算"，又得避开估算折旧的困境，经济统计学给出的处理是在总产出和净增加值之间搞折中，计算"增加值（value added）"——将"折旧"项留在总量指标中，因为它与"利润"项之间存在的此消彼长的关系，一个多算了，另一个自然就少算了，这样总量估算风险就躲开了。因此，虽然"净增加值"在概念和学理上优于"增加值"，但测度实践中可行性差，故而转为采用包含"固定资本消耗"（即通常所说的折旧项）的指标，避开了估算困扰，指标结果相对比较准确。

然而，这种处理并不时时处处奏效。增加值只是在总量意义上避开了误测，但"结构误测"风险仍然敞着口子。当经济统计的重心不再是总量时，隐含的测度矛盾就会显化。这些年来"超越GDP"的呼声越来越高，从专业角度看，正是根植于当年埋下的测度隐患。当社会福利成为人们关注的重心后，如何估价资本，且不仅仅是"生产资本"；如何估价资本存量，且不仅仅是其流量，都绕不开对资本消耗的认知，这等于当年已经

"解决"了的矛盾又重新引发了。我们在开发优于GDP的福利指标时，对这一点应该有清醒的认识。

只是一个总量指标的"政治算术"，就藏着这么多认知理论和实践问题，操作上似乎只是加减乘除，然而，加乘运算或"指标口径"确定背后的"为什么"却难以道明。可见算术虽然简单，一旦加上"政治"两个字就复杂无比。要命的是，在经济学当中，政治这两个字其实是去不掉的，好多人，乃至大学问家，都愿意搞"经济学"，而躲开"政治经济学"，假装经济分析中政治不存在，可政治因素总是客观存在的。不分青红皂白就把指标数值带进模型，能得出什么样的结果呢？

应用不是"套用"。中国年轻学人从小就看重数理基础，对他们来说，套用无非做"大作业"，本是一种偷懒的做法，也是一种无知的做法。套用可能简单，但"应用"并不简单，也绝不简单！应用之"应"受到的约束其实最多，上述总量指标的例子足以说明这一点。

应用之"应"还有其宏观含义，即"顺应之应"。社会科学统计学的发展应该顺应宏观管理的要求，不忘初心，即其学科产生于18世纪的德国，而深入、系统地研究"国势学（staatenkunde）"，更早的源头则来自亚里士多德时代的"城邦纪要"及其演变——"国情纪要"。众所周知，国势不明，无论微观宏观任何决策都可能有失偏颇。

数据之据，正是解决问题之据，做出有依据的定量分析，才能为中国的社会经济长期发展做出应有的学术贡献。改革开放的实践告诉我们，增加物质财富需要先修路，以高速和高铁作为基础结构。类似地，就中国现代文明程度的提升而言，作为"社会基础结构"构件之一的经济统计不可或缺，相应地，经济统计方法论研究及其应用也就必须跟进。

发展中国家与发达国家的主要差距并不仅仅在物质生产的数量上，更主要的是在质量和软实力上，是在公共产品的提供和社会基础结构的建设上。经济统计的基础夯实了，我们的数才能是有据的，数据的使用才能是顺应和相应的。

刊发于《中国统计》2019年第11期

中国发展对世界的三大贡献

中美贸易摩擦以来，美方总是高傲地占据道德高地，堂而皇之的借口是中国不守规则，占尽了美国的便宜。美国前副总统彭斯更是"高调"，把中国这些年的发展都归功于美国的恩赐，惹得中国台湾地区的主持人黄智贤挺身而出，呼吁公道。

这总让我想起一个场景：出门乘高铁回北京，好多次晚上十一点来钟在西直门换乘十三号线地铁，看到满车厢、满站台、满通道刚刚下班的年轻人，真是心疼得慌。他们中的大多数都是独生子女，父母心里的宝贝，捧在手心里长大的啊，约摸他们赶回居所睡下得后半夜了，第二天一早又得爬起来奔赴梦想。写字楼格子间的白领尚且如此努力工作，工地和车间里打工的蓝领又该有多拼呢？所以说，中国的快速发展，是中国人民通过辛勤努力换来的，中国经济再不快点增长，岂不是天理不容吗？对比来看，发达国家的年轻人有多少这么辛苦的？美国人不是一向认定并宣称上帝保佑美国吗？怎么这些年就发善心把增长恩赐给中国了呢？

尤其是，中国改革开放以来的迅猛增长，还不只是中国老百姓为自身造福，客观上也为世界发展做出了相当大的贡献，至少可以从三个方面来看：

第一是贫困人口减少。

全球治理的第一位目标是减少贫困。中国7.4亿人脱贫，全球脱贫人口目标的70%以上份额由中国完成，理应受到表彰。按说这么大的成就，哪怕是别的方面有些欠缺也可以理解。做什么事情都有轻重缓急，不能要求中国在所有方面都齐头并进。

第二是金融危机时中国担当了大国责任。

1996年亚洲金融危机，中国没有落井下石。如果当时中国人民币顺势贬值，现在东南亚经济发展会是什么样的格局？美欧总是压人民币升值，如果顺势贬值，单单从国家竞争角度看，那将给中国自己带来多大的博弈空间？若是换作美国政客操刀，还不得把这个机会用得淋漓尽致？

2008年美国引发了全球金融危机，中国政府出台重磅救市计划，号称"4万亿"，实则翻了两番多，可谓"美国得重病、中国灌猛药"。试想，如果没有当时中国的力挺，全球经济复苏要等到何时，甚至能不能进一步恶化到崩盘？在全球主要经济发动机都熄火的情形下，中国人的苦苦支撑该有多么关键？欧美经济从血雨腥风中逃出来，难道中国人的金融抗战就一笔勾销了吗？一贯号称"费尔泼赖（fairplay）"的欧美绅士难道不该给予适当的补偿吗？哪怕是道义上或者精神上的"认账"也理所应当啊。

第三是承担了巨量的全球发展的隐形成本。

"清洁生产"当然是正确的，可如果把全球当作一个整体来看，"非清洁生产"还不可能完全取缔，总得有产业链低端国家来承接，所以，发达国家的清洁生产、福利生活乃至精神高贵，大都以国外的低端产业为基础。不忿于发达国家对发展中国家污染的指责，2008年我写了一篇《享用烤乳猪的贵族有资格斥责后厨残忍吗?》，在网上发过，也收录到我的随笔集《偏，得以见》中，是针对这种双重标准的一种斥责。

需要强调的是，富国输出"非清洁生产"和垃圾，往往以所谓新兴国家为对象。国家越是新兴，输入的长期环境隐性成本就越多。中国首当其冲，多年进口了富国大量的垃圾，直到2018年才明令禁止。中国以零地价、多年免税等优惠政策引进外资，而这个外资实际上正是富国需要输出的低端产品生产线。

富国贵人总愿意对我们宣扬可持续发展的理念，我们也以为这是"普世价值"所在。可我却想提问：究竟是谁的可持续发展？富国能不能停止输出垃圾和非清洁生产？甚至清洁生产和生活的制造品中的污染成本也别推给穷国？能不能把这些基本前提解决好了再来宣扬"普世价值"？

对世界各国成本效益分配的许多基本问题，当下的国际经济统计并没算清楚账，给出的往往是扭曲的表象。正是这种扭曲，埋没了中国发展对世界的贡献。

刊发于《中国统计》2019年第9期

国际经济比较中的购买力平价与市场汇率之辩

  无论怎么批判，GDP迄今为止仍然是测度一个国家经济总量的主要指标，而不同国家的GDP分别以其本国货币计值，不能直接进行空间对比，要测度真实经济规模，经济学家提出用"购买力平价（Purchasing Power Parity，PPP）"来减缩"名义GDP"。PPP是"国际比较项目（International Comparison Program，ICP）"的核心概念，也是国内外经济研究常常用到的指标。ICP由世界银行牵头会同其他国际组织主持进行，2020年4月，第9轮ICP数据（2017年为"数据基年"）即将公布。按照联合国统计委员会的决议，ICP将成为常规性经济统计项目，每三年进行一次，其间两年则搞PPP推算。

  国际经济比较似乎顺理成章，不过有一点值得注意，世界银行公布了PPP值，你却不能按照它去兑换货币，企业也不能按照这个PPP支付货款，包括世界银行、OECD和欧盟等PPP的"制造者"本身在支付货币时也得遵照"市场汇率（Market Exchange Rate，MER）"。比如，尽管算出来人民币与美元的PPP是3.5，但你兑换1美元还得花7元左右的人民币。这个事实告诉我们，国际货币购买力关系的认定客观上存在两种方法。

  原来国际经济比较的工具是市场汇率，不过好多经济学家不大满意该指标，认为它存在若干缺陷。20世纪50年代经济学界开始探索设计新的比较工具指标，1968年，宾夕法尼亚大学的克拉维茨、萨默斯、赫斯顿三位学者受托研发了第一轮ICP，尔后逐步改进，发展成为国际经济比较的主流和常规方法。在这个历史背景下，是不是国际经济比较就应该一边倒：完全摒弃 MER 而全然采用 PPP 呢？ICP 作为国际比较标准真的成熟了吗？笔者再次提出一些非常反潮流的看法，呼吁对 ICP 做深入的思考。

货币是商品（货物和服务）的"一般等价项"，所谓"通货"，本身具有综合性，货币购买力是国际经济交易关系的综合体现。国际经济分析中对比较工具的要求，既需要"货币单位转换因子"，也需要"货币购买力调整因子"，MER 与 PPP 的比较，关键在于其因子作用的比较。回顾经济统计学原理，价格在经济总量统计中发挥着"一身二任"的作用，既是"同度量因素"，也是"权数"，前者是显性的，而后者往往是隐性的。国际比较中两个因子的作用就源自或对应于同度量因素和权数。汇率说到底就是货币的价格，能否一身二任，或只是"货币单位转换因子"，值得深思。人们更多地关注汇率与 PPP 的区别，却忽略了它们之间的相同点，其实，有一些对汇率法的批判往往也适于 ICP 法。

第一，两种方法都可能出现奇异结果。

对汇率法最大的批判在于其可能得出与现实经济关系相悖的结果，而且可能波动剧烈。就处理波动性而论，统计方法并不为难。世界银行并没有完全废弃 MER，在发表全球经济社会的图表集（Atlas）时，采用移动平均法对 MER 做了修匀。就奇异结果而论，ICP 只是出现的可能性相对低一些，因为 ICP 本身就是一个平均法，出现误判的概率可能低一些。但是，ICP 并不能保证一定避免奇异结果的出现。余芳东博士是中国研究 ICP 的专家，她指出，在第 8 轮 ICP（2011 年为基年）研究中"亚太地区的价格水平可能被低估"。

第二，ICP 本身是"类政府组织"的产物。

汇率可能受政府干涉而扭曲经济现实，这是某些学者诟病汇率法的重要原因，但这一点同样可以用来批判 ICP。首先，ICP 根本无法避开政府对价格的干涉，项目所需的基础价格资料都需由各国政府提供。更为重要的是，PPP 恰是"官方"认定的一种"汇率"，联合国、世界银行、

OECD、欧盟等国际组织都是一种"类政府"组织，因为在居民、企业、政府、NGO和"国外"这五大经济主体中，国际组织只能归类于政府组织。PPP是人为计算出来的，而汇率即便由官方确定，也是由一国政府按照其面临的市场态势确定的，或出于应对跨国公司垄断的需要。而且，按照ICP审议报告作者Ryten教授的观点，ICP的功能之一就是为落后国家的政府确定其汇率提供数据基础。总之，使用ICP数据时首先需要明确一个重大区别，市场汇率是实际交易的观察值，而PPP只是由国际组织认定的一个人工估算值。弃汇率而另行估算PPP，这对西方主流经济学而言是个突出的例外，什么都相信市场，唯独在国际货币购买力比较时"变节"，内在逻辑并不一致。

第三，这两种方法都可能存在高估或低估产出和价格水平的倾向，只是作用方向相反。

对汇率法的指责之一是其低估了穷国的实际产出，高估了其价格水平，其实这是基于ICP结果得出的判断。相反，ICP法的对应问题在于，由于隐性质量因素无法完全纳入经济测度，国际比较只能相对地确定"同一经济产品"，发达国家产出中隐含的质量因素往往被忽略，从而ICP相对地高估了发展中国家的实际产出，低估了其实际价格水平。对发达国家而言，采用汇率法和采用ICP法的结果相差并不大。于是，两种方法取舍的焦点就在于：如何判断发展中国家的相对产出和价格水平？

第四，国内贸易和国际贸易之间并没有柏林墙，不应该断言汇率仅仅反映国际贸易的购买力关系。

从表象上看，似乎国际贸易与汇率的关系更为直接，但至少国内贸易与国际贸易存在着供求关系，因此汇率与国内贸易至少存在间接作用，而在全球价值链中这种关系更为明显。只有假定国内国际两个市场完全切割断裂，才能将汇率仅仅视为由国际贸易形成的购买力关系。

这种间接作用关系在其他因素中也存在。比如，人们认定国际资本流动会影响汇率波动，这似乎与货币购买力并无关系，从而造成汇率法扭曲现实。但如果我们深入探究一下，为什么资本会在国际上流动？难道不正是基于对不同货币购买力的预期变化吗？看不到明确的直接的作用关系，并不等于关系不存在。

第五，ICP并没有经过系统的比较机理研究。

在ICP初创时，更多地把货币购买力国际比较归结为一类指数问题，侧重技术路径，"借用"时间指数方法略做调整，就用于空间比较。迄今为止，ICP的主要文件对国际购买力的比较机理也并没有系统、深入的阐述。

而且，存在一种比较普遍的误解，ICP在1997年经过了质量审议，如the Ryten Report和the Castle Report，比较方法的基本法理问题已经得到解决，可以只考虑方法的精细化。ICP经历了第6轮的失败，这两个审议报告实质上是失败的产物，但报告只是从操作层面论述如何改进，Ryten教授提出了两个基本问题，但系统乃至简要的阐述还远远不够。

从项目操作看，ICP已经进行了9轮，历时50多年，全球将近200个经济体参与了比较。人们容易产生一种预设态度甚至迷信，ICP是国际通行的成熟标准。于是，多数所谓研究只是对之的应用，或顶多在加总方法上做些修补。

第六，并不是技术含量高的方法就准确。

从方法的技术含量看，汇率法比较粗略，而ICP表现为精细方法，具备形式上的优越性。由于人们的技术偏好，技术含量高的方法往往容易得到采信。

实际上，ICP基于一个假设，人比市场聪明，能更准确地辨识国际购买力对比关系。放弃市场汇率观察值，非要替代市场去估算购买力比价，本质上是比较不可比之事物（compare the incomparable）。ICP遭遇的核心困难是"代表性"与"可比性"相悖，这是硬性比较不可比事物的代价。

在复杂的比较对象面前，ICP的精巧方法其实非常牵强，而且需要更多的前提条件。

第七，ICP的质量隐含三个基础性要求。

ICP将经济分成七个类别层次，采用"金字塔法"自下而上逐层计算总体PPP，"基本类别（Basic Heading，BH）"的价格比率是ICP的基础。从计算性质看，高阶PPP是基本类别价格比率的加权平均及其等价算法。我们应该特别关注的是，基本类别价格比率的估算需要满足三个要求。

其一是"纯价比要求"。ICP必须针对"同一经济产品"进行价格比较，所得PPP只能是"纯价格"的比率，不能包含质量因素。否则，如果高估PPP，就会低估真实GDP；反之则高估真实GDP。

然而，"纯价比"的要求很难达成，因为我们很难确定"同一经济产品"——国际上完全相同的实物产品和服务。按照经济统计学原理，同样一听可乐，在超市出售和在宾馆出售就应算作不同的产品，因为其销售环境不同，包含了不同的服务。同理可循，同样一听可乐，在不同国家销售就能算作同一产品吗？其价比仅仅反映国际上价格水平的差异吗？问题的严重性在于，如果连可乐这种最流行的所谓"同一产品"都找不到真实的国际匹配品，那国际上还会存在"同一产品"吗？在现实经济中，产品中的质量因素无法完全区分并剔除，ICP实际上无法满足"纯价比要求"。

其二是"等价比要求"。概括而言，ICP的基本类别价格比率的估算办法是"取其有，代其无，表其全"。ICP无法估算各国之间所有商品的比价，只能选择少部分代表品，而"非代表品比价"则由"代表品比价"来代替。其中有的商品在某些国家并不存在，压根儿没有价格和价比，从而需要人为赋值。要满足"等价比要求"，需要尽可能详细的产品分类；但那样又更难确认国际"经济同一产品"，需要人为赋值的价比会更多。ICP面临的是操作悖境，左右为难。

其三是"价格均值代表性要求"。在计算基本类别PPP时，采用的是"年国家平均价格"，这个平均价格同时包含了时间和空间两个维度，然而不同国家的经济规模不同、变化速率不同，国内不同地区间的发展水平差异也不同，这往往造成不同国家"年国家平均价格"的均值代表性差异很大。例如，中国这种发展中大国，东西中三大区域差异大，南北差异也凸显，相比新加坡那样的都市国家，甚至相比美国这种国内市场化程度较高的大国，该均价的代表性都会有很大差异。但是，基本类别 PPP 计算要求，"年国家平均价格"与时空变异无涉，不然，其很小的差异也会在 PPP 逐层推算中被放大，对可比性的负面影响不知如何。

从 PPP 计算机理来判断，基本类别 PPP 的计算应该满足"纯价比"、"等价比"和"价格均值代表性"这三项基础性要求。换言之，如果相信 ICP 数据结果，就需要假设基本类别 PPP 的三项要求都得到了满足。然而，价格测度存在着相当大的不确定性，甚至可以断言其是"价格测不准定理"，由此，基于价格调整的 ICP 基础并不稳固。

第八，ICP 无法与汇率绝缘，不宜用正确与否裁定二者。

在实施 ICP 过程中，需要用到市场汇率数据。而 PPP 与 MER 之比又构成了所谓相对价格水平指数（Price level Index，PLI），因而不宜将"汇率法"说成不正确的方法，同时将"ICP 法"说成正确的方法，如果三者关系成立，一旦汇率法不正确，那么其偏误就可能传导到 PPP 或者 PLI 数据上。否则，逻辑一致性就会遭受破坏。

总之，"ICP 法一定优于汇率法"的流行判断，并没有得到学术论证。不应该迷信"ICP 法"，还需要深入探索其比较机理，以改进国际经济比较的标准。至于 ICP 数据，也需谨慎使用，世界银行等组织公布数据时的警告并不是客气话。

刊发于《中国统计》2020 年第 4 期

从GDP屡被误解，看经济统计意识的必要性

一

GDP（国内生产总值）的名声很成问题。可值得我们深思的是，无论是国内还是国外，人们对GDP的严厉声讨并没有将它赶出经济社会大舞台。春秋流转，南北东西，人们就是离不开GDP。它是世界各国经济统计中最基础也是最"核心"的指标，应用也最为广泛。几乎人人都与其或多或少有些关系。然而，社会上对它的误解、误用也最多。

在中国，GDP曾经是为政之要，有所谓"GDP中心主义"之说。当资源、环境等与经济发展的社会矛盾凸显之后，GDP也被不少统计"局外人"攻击为万恶之首。什么事情没搞好，往往会有人跟上一句："都是叫GDP闹的。"GDP甚至成了网民口中的"鸡的屁"，似乎属于应该废掉的东西。

也有人强调GDP是至关重要的，但好多人内心里不大认可，他们总觉得经济统计没有那么"高大上"。甚至在不得不翻阅和使用世界经济统计手册和年鉴时，他们也常常抱有居高临下的态度。

还有的人误解经济学概念，引发了对经济统计指标的疑惑，比如：为什么发生了火灾或交通事故、自然灾害，乃至恐怖袭击、小型战争等损毁，GDP不降反升？这不是统计造假又是什么！铿锵抨击之中，有对存量和流量的混淆，有对本期新生产财富量和财富总积累量的混淆，甚至还

有对实证研究和规范研究的混淆，对 GDP 测度目标的误解，人为地给 GDP 强加道德责任等。

GDP 当然不是尽善尽美，但种种误解并不一定就是 GDP 自身的毛病，归结起来，这其实是经济统计意识欠缺的表现，是经济统计文化欠发达的表现。一个国家发达与否，物质产品固然重要，但公共产品、思想产品或文化产品的分享程度恐怕更为关键。不幸的是，社会上长期对核心指标的误解严重影响了经济统计作用的正常发挥。

我们知道，国际组织在发布经济统计某个专门领域方法手册时，常常会伴有 FAQ——"经常会被问到的问题"，这属于科普性的读物，对象是广大民众，不需要"求甚解"的人群。编写这种读物，属于经济统计学者对社会的贡献，目的是方便民众使用统计指标及其数据，也是为了弘扬和普及经济统计文化。有的人把这种手册当成了经济统计学问的全部，也当成了经济统计没有学问的铁证。

曾经有位看上去非常聪明的大牌"海鸥"（据说不是"海龟"）亲口教导我们说，经济统计指标很容易懂，挺厚一大本书，无非就是指标解释，花个半天时间就能读完。读过之后便可在经济模型里应用，简直是所向披靡，一点问题都不会有。按照这个口气，经济统计实在没啥可学可问的。我这里姑且抬一次轿子吧：这位号称经济学家的洋博士对经济统计的态度，跟美国历史上一位参议员罗伯特·肯尼迪能有一拼。

二

罗伯特·肯尼迪何许人也？大名鼎鼎的美国总统约翰·肯尼迪的弟弟，当过美国司法部部长，也是位政治家，一位受人尊敬的理想主义者，1968 年遇刺身亡。就在当年的一次竞选演讲中，他强烈地抨击了 GNP：

"如果我们用它来衡量美国——这个国民生产总值包括了空气污染和香烟广告，以及为交通事故而奔忙的救护车。它包括了我们装在门上的特种锁和关撬锁的人的监狱，包括了我们对红木森林的破坏和因城市无序蔓延而消失的自然奇观。它包括了凝固汽油弹，包括了核弹头，包括了警察用来应付城市骚乱的装甲车，包括了惠特曼步枪和斯佩克刀，包括了为了向孩子推销玩具而美化暴力的电视节目。"

"然而，这个国民生产总值不包括我们孩子的健康，他们教育的质量和游戏的快乐。它不包括我们诗歌的美丽，我们婚姻的稳定，我们公众辩论中的智慧和我们官员的正直；它不包括我们的机智和勇气，不包括我们的智慧和学问，不包括我们的同情心，不包括我们对国家的热爱。"

"总之，它衡量一切，却把那些令人生有价值的东西排除在外。它告诉我们美国的方方面面，却不能告诉我们为什么为它自豪。"

在当时的欧美，国民经济统计的核心指标是国民生产总值（现在GNP的专业称谓是国民总收入GNI，GNP只是一个沿用说法），而不是GDP。不过，二者的区别并不影响我们对经济统计核心指标的基本评价。

罗伯特·肯尼迪的GNP观，可以作为社会人士误解经济统计核心指标的典型代表。我从以下五个方面加以评论，期望人们对GDP等指标能够有最起码的认知：

第一，罗伯特·肯尼迪说GNP包括了空气污染和环境退化，这是不确切的。GNP包含了可能导致空气污染、环境退化的产品生产，但其数据并没有包括空气污染和环境退化本身。还有，罗伯特·肯尼迪列举的"特种锁"等项目属于"遗憾性产品（the regret product）"，经济统计对此类指标的口径问题进行过系统研究，专业结论是应该包括在GNP中。因为经济统计指标并不是道德法官，GDP不能只测度对人类有益的经济行为。其隐含的道理在于：在不同人的眼中，其有益与否的标准可能截然不同。如果一味固守标准，就压根儿无法进行全社会的增加值统计，那就等于放弃了任何经济指标对产出的统计。

第二，"健康"和"教育质量"可以测度，但未必一定要完全由GNP来测度。不同指标应该有不同的功能，不能让一个指标承担本应该由其他指标承担的功能。而"游戏的快乐"等余下十项本身未必可测，恐怕任何指标都无法担当测度那些项目的使命。说到那些项目，罗伯特·肯尼迪实际上是在玩蹦极，从极端否定跳到极端肯定：GDP 应该无所不能，想测什么就测什么。试想：硬要测度原本不可测度的事物，得出的所谓测度结果会是什么样子？其可靠性如何，将会产生什么样的社会影响？不确定性风险实在太大。

还有一点需要注意的是，小样本社会专项调查或许能得出某些所谓的测度数据，但这并不意味着该项目在经济统计意义上可测，专项调查与大规模常规统计在可行性上差距相当大，经济统计是受到"持久资源约束"的，绝不能信口开河，绝不能与一次性测度行为混为一谈。

第三，GNP 应该是综合性最强的经济指标，即便如此，它也不能测度所有的经济现象，遑论外加上社会现象。任何指标都不可能"衡量一切"，单个指标绝不可能告诉我们一个国家的方方面面，罗伯特·肯尼迪的说法很煽情，但也很夸张。GDP 没有把所有"令人生有价值的东西"统统包括在内，但它所统计的内容总体上还是"令人生有价值的"。GDP 的确不能告诉你为什么祖国自豪的所有理由，但在其他条件相同的前提下，GDP 提高总比其下降好，它或许是你为祖国自豪的重要支撑之一。

第四，GNP 也许不那么完美，然而到目前为止，人类还没有创造出更好的单项综合指标来替代它。罗伯特·肯尼迪讲演中没有提到要计算"幸福指数"，但却隐含着开展那种计算的强烈动机。从历史上看，幸福指数几度热炒，但后来都不了了之，其主要原因之一便是其发动者的"无知型无畏"。迄今为止，最流行的是所谓"国民幸福指数"（GHI），距常规统计仍有难以逾越的鸿沟，顶多只是处于"头脑风暴"和小范围试算阶段。而且，幸福指数在计算性质上属于"合成指标"，而 GDP 属于价值指标，二者在指标类型上大有区别，这又牵涉到经济统计方法论研究的一个特别领域，两类指标其实是不应该混为一谈的。

第五，罗伯特·肯尼迪极端地关注经济测度的必要性，而完全忽略了经济统计的可行性。他或许是一个优秀的政治家，但他的这段讲演表明，他极缺乏经济统计的常识，压根儿不懂 GNP 的指标口径，不具备经济统计的基本意识，在经济统计方面完全是个门外汉。

"知之为知之，不知为不知，是知也。"罗伯特·肯尼迪固然迎合了社会上某些人的口味，或者说引领了基于非专业态度和水准的某种偏颇情绪，但他缺少对经济统计起码的尊重，跑到属于自己思维短板的领域里"大放厥词"，露怯自然是难免的。国内一些人不明就里，却喜欢把罗伯特·肯尼迪的话奉为圭臬，这无异于东施效颦。可如果有人揣着明白装糊涂，那品行实在低下。

三

罗伯特·肯尼迪还只是针对一个指标发难，而我们那位大牌"海鸥"则是全面地看低经济统计指标。单从计算方法上粗粗地看，GDP 不过是所构成要素的加总，似乎只用到四则运算。连"核心指标"都这么"小儿科"，经济统计的确貌似没啥硬通货。然而古训告诫我们，"绝知此事要躬行"。现实往往很打脸，你越是瞧不起它，它就越是愿意给你添乱，其程度远远超出人们的主观臆断。无论在设计思想上，还是在中外经济实践中，真正要做好 GDP 统计，都绝没有那么简单。至少以下五方面的问题，是国际经济统计界至今都还没有解决好的。

第一，指标要素与指标的可测度性问题。

现实生活中存在着种种影响 GDP 数值估算的因素，比如 GDP 的高估因素之一：公共服务是全社会都享用的，而企业计算"净产出"时并没有扣除此项"中间消耗"，因为根本无法确定"广义政府"服务的微观分量，其隐含的后果便是高估了各公司的增加值，扭曲了结构化数据。再比如 GDP 低估的因素之一：地下经济的产出（能不能称之为"黑色 GDP"呢？假若循着这个思路，恐怕还得有一部分称之为"灰色 GDP"。）无法完整估算，数据调整（追加）不能到位，也不知调整到什么程度才算到位。高估和低估都涉及了指标要素乃至指标整体的可测度性问题，用OECD国民核算专家的话来说，我们甚至无法给出 GDP 准确程度的概括估计，这等于告诉我们，GDP统计本质上属于"真值未知问题"。

第二，指标边界两可状态下正负效应的制衡问题。

在广义国民收入指标中，生产乃至产出的外部边界是一条移动的界线，移动方向总体上是逐步扩大所包含的项目。在第二次世界大战之前，经济统计以"狭义国民收入"指标为核心，国民收入等于消费加投资，NI=C+I，核心经济指标中并不包含"政府服务G"这一项，就是说NI公式中没有G。在第二次世界大战时，需要估算如何支付战争费用，以为政府支出提供法理性，由此引发了从"狭义国民收入"过渡到GNP的动议，即GNP=C+I+G。对于是否应该以GNP为核心指标，西蒙·库兹涅茨（S. Kuznets）等学者与主持国民收入统计的官员（米尔顿·吉尔伯特，M. Gilbert，也是著名经济学家）等有过一场方法论大战，争论颇为激烈，最后是GDP胜出，取代了NI的核心地位。

生产边界的扩张必然导致GDP数据的上调，中国如此，美国也这样。从这个意义上讲，经济统计的确能够多"生产"出GDP来，并没有什么稀奇。比如，2008年SNA确定"R&D支出"算为投资，而不再是中间消耗，GDP数值也就跟着扩大。而生产边界最著名的议题是："无酬家务劳动"是否应该计入GDP？争论持续了几十年，到目前为止还是排在另册。从生产性质上看，"无酬家务劳动"与"外包家务劳动"（如"菲佣"）并没有区别，计入GDP似乎天经地义。但如果将"无酬家务劳动"纳入生产，就无法确切定义失业人数的"计算概念"，就无法再进行劳动就业和失业统计。谁都知道，保障就业是宏观管理的四大经典目标之一，经济统计理应为其提供数据支撑。是否纳入"无酬家务劳动"，对GDP统计而言，不过是锦上添花，让GDP数据更充实而已；但对就业和失业统计而言，却是有无存废的大问题，这就导致了边界两可状态下正负效应如何制衡的抉择。

第三，GDP 内部不可分事物的切割问题。

GDP 内部存在着项目划分归类的问题，最典型的就是消费和投资的界限。"居民户"购买住房属于投资，而购买汽车等耐用消费品则属于消费，为什么做出这样的核算规定呢？如果要满足结构分析的要求，经济统计必须在不同经济项目之间划一道界线，做出"一刀切"的处置。硬性区分本身并不可分的事物，在边界模糊的地方定性画线，还需得到关键多数的认可，这种测度任务实在难以圆满完成。GDP 内部不可分事物的切割问题，与 GDP 外部边界的划分一样，同样存在两可状态下正负效应的制衡问题，这类问题的存在势必影响 GDP 结构化数据的质量。

第四，测度（核算）与估算的优先选择问题。

熟悉宏观经济指标演变历史的人都知道，正是因为总产出包含了中间消耗的重复计算，才引发了增加值指标的创新设计，其总和就是 NI（后来是 GDP）。但是增加值并没有完全消除中间消耗价值的重复计算，从经济理论上看不如国内生产净值（NDP）。既然如此，为什么还要以 GDP 作为宏观经济的核心指标呢？

这里隐含着一个测度（核算）与估算孰为优先的问题。正确与准确并不是一码事儿，测度中到底选哪一样？颇费思量。计算 NDP 需要扣除"固定资本消耗"，也就是人们通常所说的折旧，但在某个特定时期固定资产究竟消耗了多少？这个数值实际上是不可测度的，经济统计常常碰到这种强人所难的活计。勉为其难，只能按照一定的假设（该固定资产的使用年限和折旧率类型）来估算。对比而言，GDP 无须作此扣除，虽然包含部分重复计算，但避开了估算风险，两害相权取其轻，于是成了所谓"核心指标"。

如果再深究下去，测度（measurement）与核算（accounting）、估算（estimate）有所不同，"存在性事实（primary facts）"与"构造性事实（constructed facts）"也大有区别，然而，这两组彼此之间又不容易截然分开，麻烦何其多。

第五，指标项目间的"约当量"确定与可加性问题。

我们可以用绿色GDP来说明这一点。为了全球的可持续发展，采用绿色GDP的呼声很高。在美国，克林顿当政期间就发布过总统令，指定将绿色GDP列入常规经济统计系列。多少年过去了，夸下海口的事儿却无疾而终。究竟为什么呢？所谓绿色GDP，无非是在常规GDP基础上再核算资源和环境等调整项目，扣除消耗资源和污染环境的代价，加上节约、增加资源和改善环境的收益，GDP的颜色就变绿了。道理听上去很简单，计算似乎也不复杂，但是扣减项和增加项究竟如何定价呢？

人类越发展，资源环境越重要。如果把资源和环境的价格定到一定高度，恐怕全部GDP都搭进去也不够扣的，难道还能什么生产都停掉吗？难道人就干呆着不成？发展到底是不是硬道理？中国需要反思，美国也得慎行。发达国家对资源环境的定价与发展中国家相去甚远，世界各国很难确定一个共同接受的经济统计标准，这就是说，绿色GDP指标项目间存在难以克服的可加性问题：市场信号失灵，价格无法确定。指标间的"约当量"无法确定，彼此就无法相加。

这五大GDP难题，往往形成"测度悖境"，测度者前后左右动弹不得，怎么操作都有毛病。慎思笃行，还有我们尚未意识到的其他测度问题，看来软科学（或社会科学）中也有压根儿啃不动的硬骨头。

四

看看吧，光是GDP一个指标，就有那么多重大疑难问题，整个经济统计指标体系累积起来又会有多少呢？那么多指标测度的疑难问题，有的是跨世纪之谜，是全人类所共同面临的经济统计学难题。试问，"指标解释"怎么就不够学问的"格"呢？那又得疑难到什么程度才算学问呢？难道光靠数学就可以破解这些难题了吗？难道非得披上数学的外衣才算学问吗？学问就不可以是多元的吗？我个人以为，如果能把GDP的这些基本问题"解释"清楚，那就是学问，而且应该是大学问，那将是对人类文明的贡献，相当大的贡献。

有些数理出身的经济学大腕曾断言，欧美压根儿没有经济统计学。也有的经济学家认定欧美的经济统计学就只是数理统计学在经济领域的应用而已，他们完全否定了经济统计学作为经济学的组成部分，否定经济统计学作为社会科学的存在。然而，真是这样吗？

其实，历史和社会现实均非如此。统计学原本是德国学者作为"国势学"开创的，重视经济统计学内在的社会科学性质，甚至带有一定程度人文学科的性质，这恰恰是德国统计学的学术传统。对于善用大帽子强势压人的极端观点，我只好再次强调他们不敢公开否认却刻意选择回避的事例：20世纪与21世纪交汇之时，美国多位顶级的经济学家（其中不乏经济学诺贝尔奖得主）共同回顾了一个世纪内经济统计的发展历程。他们一致认定，GDP是20世纪人类最伟大的发明之一。

那么，作为包含了此项伟大发明的学科，经济统计的科学性表现在哪里呢？为什么我们应该具备经济统计意识呢？除了中外学科发展史的概览外，我尝试着从指标方法论、学科特质和指标方法应用三个方面加以探讨。

经济指标的设计思想经历了几百年的演变，这种演变也是经济统计乃至经济学发展历程的重要组成部分。指标的"概念定义"往往来自经济学原理，而照搬、套用概念是行不通的，正如我们不应该仅仅照搬、套用数学公式。

经济统计的重大使命之一就是将指标的概念定义发展成为"计算定义"，其中尤其要重视概念定义与计算定义之间的联系与区别，重视指标间的逻辑关系。经济统计当然要研究指标的"方法"（侧重 how 的问题）——指标如何计算，然而更需要研究指标的"方法论"（"论"字更侧重 why 的问题），即指标为什么应该那么计算，其中包含（特别是隐含）了哪些前提和假定，它们各自的适用场合在哪里？如果不符合这些指标设计，对指标数值的影响将如何？指标理解和应用中存在哪些需要提防的陷阱？这些测度问题都需要由经济统计的"方法论"来解决。

正是由于这个"论"字的存在，我们不能瞧不起经济指标，经济统计本来就应该是，也必须是，讲究经济指标的，中国如此，外国也如此，东方如此，西方也如此。厚厚的SNA手册，如果用一句话概括，讲的就是经济指标及其关系。指标的方法论说白了，就是"指标解释"。

1983年中国曾经有过一场统计学学科性质的大争论，使得国内的经济统计学者特别害怕被统计学开除，以至于害怕背上"指标解释"的恶名。很多人误以为戴世光教授只认可数理统计，但听其言，也应该观其行，戴先生的"统计学科观"其实是二元的。如果认真读读他的《世界经济统计概论》，满书讲述的都是经济指标方法和指标解释。该书1987年由人民出版社出版，那恰恰是在学科大争论之后啊。哪有这么否定"指标解释"和经济统计学的呢？戴先生本人并没有发表数理统计的学术成果，难道说他就不是统计学家？

粗看上去，经济统计指标及其方法似乎很简单，实则有其独特的深奥之处。其专业特质和困难主要在于：

第一，指标定量的社会需求与专业可行性不成比例。即便你得到了近乎正确的答案，你自己也未必能够做出证明。实践中常常出现的情形是：明明你得出的定量答案并不可靠，而自己却误以为非常正确，对自己的模型结果做绝对的、过度的解读。

第二，为测度、核算和估算所做的投入与经济统计的产出并不成正比。思想无难易。经济统计方法论研究的成果主要是思想产品，很难做出难易的区分。不过，思想产品的成果显示度低，表现形式也没有数学模型那么漂亮、震撼与具有威慑力。由此对社会、对个人，都会生出一个不小的尴尬和遗憾：从事经济统计方法论研究并不是一个聪明的职业选择。

第三，方法复杂性与分析结论可靠性不一定成正比。并不是所采用的统计方法越复杂，得出的结论就越可靠。比如人类发展指数（HDI）采用简单平均法，不对三个子因素采用更符合现实的"异权处理"，忽略了其权重差异，就是基于这个道理。

第四，理论严密性与指标可靠性不一定成正比。并不是所采用的指标在理论概念上越严密，得出的指标值就越可靠。如前文所述，国内生产净值（NDP）完全消除了"中间消耗"的重复计算，但其统计结果的可靠性在总量上就是比不上 GDP。

第五，指标方法的基础性及其颠覆性。经济指标是整个经济学大厦的基础构造，层级虽低，但不失其重要性。也正是由于肩负重任，经济统计方法论研究才举步维艰。试想，如果指标方法或者数据结果存在重大隐患，基于其上的模型建构和分析结论都将失去意义，貌似傲然挺立的经济学摩天大楼可能沦为海市蜃楼。总体而言，这或许有些危言耸听，但局部风险不可不防。倘有学术良知，何忍此等虚幻？用好统计指标，理得方可心安。

为普及计，经济统计指标手册（特别是 FAQ 等）中通常没有交代所隐含的测度难题，而现在从数学、物理学跨界来做经济研究成了一种择业潮流，倘若年轻人读了这种入门资料就来套用经济模型，着实有跌入数据陷阱的巨大风险。毕竟物理、数理与事理、心理四者大有不同，完全用前两者取代后两者不大明智。经济分析固然离不开数学，但并不能仅仅依赖数学。

特别需要提请注意的是，经济指标方法的应用也大有学问，而且这里往往是经济学创新的高产区。比如：经济模型需要基础数据作为投入，对模型投入而言，指标口径用得究竟对不对？数据质量究竟如何？数据质量对模型产出的影响究竟如何？如何按照理论和模型要求进一步改进数据质量？对模型产出而言，又如何解释其经济内涵？经济解释是否合乎指标间的内在逻辑？数据结果能否真实支撑政策建议？

好多应用中的"大问号"，都应该时时挂记于心，深入加以探讨。如果指标理论和实证两头都靠不住，数据与模型的链接不可靠，再前沿的模型又有什么意义呢？如果不接地气，模型运算还不就只是闭门造车的课堂作业？如果不能切实地、逻辑地还原回归到经济现实，模型运算还不就只是乔装打扮的数字游戏？

前面提到的那位"海鸥"以经济学家自诩，却对经济统计方法论中的隐含难题毫无知觉，误把入门读物当成了经济统计的全部，以偏概全，恰恰犯了统计学科抽样推断的大忌。所谓半天就能掌握的神话，恰恰说明这位仁兄急需恶补经济统计的基础课程，如果他真心打算研究经济问题的话，如果他的研究，除了为个人稻粱谋之外，还切实打算有点社会作用的话。我倒情愿是我错怪了他，衷心期盼这位大牌"海鸥"能够轻松地给出正确答案，破解 GDP 五大测度难题，解救我等愚生，免困于专业迷途。

刊发于《经济学家茶座》2016年第2期

你能说清GDP吗?

——为"指标解释"正位

有位自诩经济学家的"海鸥"把经济指标看得极其简单,宣称他的学生有半天时间就能把统计年鉴上的指标都搞清楚,就可以用数据跑计量模型了。其实,大言不惭恰好暴露了他本人对经济学的无知,丢了美国名校的脸。

GDP看起来计算简单,支出法只是六个字母的加减法而已。但多数人,甭管什么层次,甭管本土还是老外,往往是耳熟,却并不能详。因为GDP之难并不在计算上,而在于其计算所隐含的经济学假设,在于其对不同经济主体的现实意义,在于其计算时所遭遇的悖境 —— 怎么处理都有毛病,总得处于权衡之中。别的不说,光一个"消费"与"投资"的划分,在最终支出项目中这一刀究竟怎么切,就可以一直争论下去,套用完美模型虽然省事儿,却遭遇到说不清楚的基础数据,恐怕有颠覆性错误。

不说破,不知道。大家拿项目、用数据、套模型、发高被引论文,肆意"套利(arbitrary)",套路之中幸福指标飙升。一说破,吓一跳。经济统计原来却是细思极恐的行当。经济统计学大师、诺贝尔经济学奖获得者库兹涅茨就说过,这是个棘手的活计(a tricky business)。"蒙昧的数据解读(the uneducated interpretation of data)"是剑桥大学沃德教授提及的一个说法。既然好多指标解读出现问题,当然需要专业的指标解释。

一旦真正做学术思考,就会发现其中隐含的一系列经济测度难题,360多年学科发展中积累下来的,人类共同面临的,好多难题跨了几个世纪还没有定论。别看涉及 GDP 的宏论著述林林总总，国内编的，译自国外的，甚至英文原版的，其实没有人能给出完美的指标解释，总有那么多需要质疑的问题，离融会贯通还远着呢。

这就涉及怎么看待"指标解释"。

把经济统计学说成"仅仅是指标解释"，似乎非常低级，从而远离科学，义正词严地将其打入另册。这个罪状在很长时间里颇为奏效，好多人离"指标解释"远远的，生怕担了恶名。就算是专门从事经济指标工作的人也觉得理亏，似乎比搞数理模型的人矮了几分。

然而，进行社会经济实证分析，光是套用数理公式还远远不够。指标也就是变量，不同场合叫法不同而已，指标正是计量模型的投入。经济计量这个行当有句口头禅，"垃圾进去垃圾出来"，为了模型输入输出的质量，所选用的指标还真得解释明白不可。别光说为了经济统计学科，就算为了数理学科自身，为了模型在社会经济领域中的真正应用，也不能轻视或否定"指标解释"。

一说指标解释，不少人就想到了"指标口径"，指标包括什么，不包括什么，构成"指标如何计算问题（how question）"，这里需要做出统一标准，由经济统计工作来实现。但是，该指标为什么包括什么，不包括什么，构成"指标为什么这么算问题（why question）"，则需要在经济统计实践和理论方法论之间的多轮次相互作用中深化和升华，这正是经济统计方法论和理论的主要内容之一。

"指标口径"并不容易搞清楚，这是因其对象特性所决定的。认为社会经济统计只统计确定性现象，是外行的一种误解。社会经济现象往往带有"模糊不确定性"，这与"随机不确定性"还有相当大的区别，不确定性恐怕不止一种，只允许搞数理统计及其应用，恐怕是以偏概全。所谓"模糊不确定性"，最大的特点就是边界不清楚，因此需要特别对其范围（口径）做出说明，从而就特别需要"指标解释"。曼昆教授也曾强调："重要的是，要记住 GDP 包括了什么，而又遗漏了什么。"笔者补充强调的是：理解 GDP 为什么包括（不包括）某些子项更为重要，这涉及专业认知的提升。

当然，指标解释不止针对指标口径，还得深入剖析指标内涵。对指标的计算机理需要深入剖析，特别是其中需要的社会经济假设如何，为什么需要这些假设，假设能够得到满足的程度，假设满足与否对计算结果的影响，等等，都是难啃的骨头，没有套公式那么痛快。模型没有假设寸步难行，有了假设是否可靠，行的是不是正路，就得当心了。

1991 年，笔者在《统计研究》发表了《论统计指标构造中的十大要素》，该文概括了构造、解释和使用指标时需要注意的十个主要因素，即指标名称、指标定义、指标类属、指标作用、指标计算方法、指标计量单位、指标的空间规定、指标的时间规定、指标数值及其功能含义和指标基础数据取得方式。指标解释就是得把这些重要因素给指标的用户说清楚。GDP 没说清楚，也是在这十个主要因素之中尚存疑义和异议。先提到的是指标名称，难道这也能作为重要因素吗？是的，不光中国人讲究名正言顺，在西方经济统计发展史上，对指标名称的确定和争论也相当在意。要是对每个指标都能从这十个主要因素给出清晰的解释，那才有些许专业研究的意思。

诺贝尔经济学奖得主、普林斯顿大学的迪顿（A. Deaton）教授曾自称是搞"贫困测度"的，他指出："在处理数据时，我们需要尽力弄清它们是怎么来的，它们所表达的意义何在，否则，我们就容易犯无中生有的错误，还可能遗漏一些紧急而明确的需求。"需要特别注意的是，"可计算"只是模型有解，并不等于社会经济意义上"可测度"，要发现和破解社会经济计量所隐含的测度陷阱，数理工具并不能替代实质性学科。耶鲁大学经济学教授、现代博弈论创始人舒比克指出："对数据的解释至关重要，关键不在于数据是什么，而在于数据的意义。"

还要指出一点，嘲笑指标解释的人在学科逻辑上不能自洽。谁都知道，国民核算体系（SNA）由发达国家的经济学家发明，否定经济统计学的人不敢否定 SNA。不过他们尊重 SNA 并不是因为他们懂得 SNA，其实他们大多并没有读过 SNA。仔细看看 SNA 方法论手册的内容，从 1953 年版一直修订到2008年版，其实说穿了，通篇不过就是指标解释 —— 对诸多宏观经济指标深入系统的解释。

须知，指标定义只是人类认识在一定时空条件下的产物，很多时候是各种不同见解一时间相互妥协的结果，绝不是经济测度所依据的最终裁决。社会经济现象最本质的特征就是边界不清，而经济统计的使命则是将原本不清的边界尽可能地相对厘清。虽然SNA通篇关注于"指标解释"，但极而论之，使得指标的内外关系泾渭分明是不可能完成的使命（an impossible mission）。由此，指标需要解释、需要修订、指标使用者需要接受专业教育。

再跳出经济统计领域看，其实，所谓"解释"在科学世家中的地位挺高。

在波普尔科学分析中，有三种陈述：特定的初始条件、特定的终结条件以及应用性质广泛的通则，而这三种陈述可以有三种结合方式，其中一种就是通则与终结条件结合产生解释，还有一种是通则与初始条件结合产生预测，在预测与解释之间存在着一种对称关系。如此等等，不用多说就扯到科学哲学上去了，道理相当深奥呢，可不是光摆弄公式就可以搞清楚的。

张五常先生经济学的集成之作，洋洋洒洒85.7万字，书名就四个字 ——《经济解释》。这本书解释了什么呢？从测度角度看，无非经济变量（存量和流量）及其关系。这里的存量和流量在经济统计中各有其别名，就是"时点指标"和"时期指标"，难道张五常先生也是在搞指标解释？说穿了，可以这么解读，不过张先生理论思考的色彩更浓厚而已。

指标解释没搞好，一个重要原因就是理论基础不够扎实。国外经济统计学术研究中有个说法，叫作"没有理论的测度（measurement without theory）"，虽然搞了测度，但太过表面化，与"没有测度的理论（theory without measurement）"一样，大有欠缺。

不过需要注意的是，经济测度的理论基础是多元的，其中不可或缺，但又往往被忽视的基础之一就是"社会认知理论（social cognitive theory）"。当测度重心从经济福利转向社会福利时，理论基础的再构建就是必需的。社会认知又与"解释学（hermeneutic）"相关联。解释学是哲学和人文社会科学中的一门专门学问，是有关意义、理解和解释等问题的哲学体系、方法论和技术性规则的统称。"解释学"一词的词根 Hermes 就来自古希腊语，其意为"神之消息"。总之，仅仅在社会科学中，指标解释需要做的事情就多着呢，可不是光靠数理工具就能扫平的。

现代数据科学发展之后，海量数据爆发，对不同学科发展都产生了巨大影响。诸多影响中有一点是确定的，即指标解释的重要性提升了。任谁也不能囫囵吞枣，首先就得把原始数据分成不同的组，这就需要指标解释。数理工具智能化后，有的人工计算工作就会萎缩，不过，指标解释却需要拓展和深化，需要反复试错原始数据，从不同角度加以解读，这应该是数据工程的基本趋势之一。

刊发于《中国统计》2020 年第 11 期

"价值指标"何以可加？

经济统计就是做指标的，而计量模型显示变量之间关系，学术分工似乎隐含着社会地位链条中的某种高下不同。其实至少在某种意义上，指标就是变量，不同领域的叫法不同而已。轻视指标即轻视变量，而变量的内涵和外延搞不清，计量模型不过是垃圾制造神器。

按照笔者的概括，经济指标无非实物指标（physical indicator）、价值指标和合成指标（composite indicator）三大类。其中价值指标不宜翻译成value indicator，那样老外会犯迷糊，在欧美，这类指标通常被称为"按货币计价的总量（monetary aggregate）"，中文称为"价值指标"比较好，简洁，又具有对应性。日常所说的GDP、GNI等，都是宏观层次的价值指标，指标名称中那个字母G是gross的字头，表明其总量指标的性质。不过，要计算总量指标，不必到那么高的层次，就会遭遇到"可加性"难题。

难题？有人会蔑视地质疑，GDP（按支出法）不过是"六字母公式"，表面看仅仅用加减法而已啊，何难之有？的确，如果用Y代表GDP，则它等于消费（C）、投资（I）、政府支出（G）和"进出口净额（X-M）"之和，即Y=C+I+G+（X-M）。

然而，这种指标解释非常初级，绝对不是经济统计的全部内容，仅仅是"万里长征"的第一步而已。深入而论，哪怕是实物指标和合成指标，其指标解释都大有内涵，颇费周折，更别说价值指标了。

经济统计指标之难，并不在于其计算的复杂度，而在于计算时处处须提防其经济意义的失落，在于计算机理的经济逻辑尽可能贯通。真正的实证者往往深陷损益混杂、动态不明、边界模糊之中，正所谓"道高一尺，魔高一丈"，不确定性本身多元，无论各种应对手法多么高明，总会存在着（隐含着）某种陷阱。权衡过程，耗尽思量，往往不了了之，而快刀斩乱麻，多半没有实效。对那些"虚证分析者"来说当然简单，把数字套到公式里，就可以交给电脑了，而且看上去高大上。极端保守人士称，不以结婚为目的的谈恋爱就是耍流氓，效仿这个句式，我认为：不以数据质量为意的实证分析无异于在学术上耍流氓。

广义地（德国方式）理解科学，科学并不只是自然科学。仅仅按照数学计算去衡量社会学科的难易度，就是张冠李戴、南辕北辙。尽管现代化发展鼓励学科交叉，不能偏执于一端，道不同也可为谋，但交叉和相谋都有一个前提——尊重社会科学的存在。就经济统计学而言，即便将其限定为数理统计方法在经济学中的应用，也以坚守社会科学领域的基本原理为要。那么，社会科学原理有些什么货色呢？历史已经积淀了相当多的真知灼见，需要看得见的眼睛去看见。

本文集中于一个基础性题目：剖析价值指标的可加性，看看其不可或缺的前提假设，看看获得可加性的主要代价，让其中隐含的计算机理显化。基础性也就意味着颠覆性，故而并不可小觑。

价值指标的计算以"物量（volume, Vo）"为起点，物量由各种实物产品和服务组成，其内涵不仅有数量，还有质量。我们不能将质量不同的产出加在一起，即西方谚语所云，不能将苹果与橘子加在一起。这里不能望文生义，误以为是两种水果加在一起，西方人用"苹果和橘子"代指风马牛不相及的事物。从学科领域区分来说，"数学可加性"与"经济可加性"是两回事，物量未必是数学上的不可加，而主要是其相加的数值结果有没有经济意义。所以宏观上看，不同物量各异，其实不可直接测度和比较，宏观物量内在地存在"不可直接测度性"或"不可加性"，使得直接测度方法行不通。即便计算简单，也不能上手就乱加一气。

从微观观察到宏观计算，经济测度面临着产出的"经济可加性"问题，各种价值指标概莫能外。我们应该明了，价值指标究竟如何解决"可加性"问题。

市场经济是一个伟大的学校，在"制造"测度困难的同时也准备了解决该种困难的某些条件。经济统计学提供的解决办法是引入价格（Price），借助价格，我们将指标变成"价值（Value）总量"，即 $\sum VoP$，从 GDP 支出法的角度看，则为支出额。

不过还需要当心以下几点：

第一，价格同时作为同度量因素和权数。

价格作为计算总量指标的"同度量因素（isometric factor）"，从公理上看，度量相同了，就可以相加了。不能忽略的是，价格这个同度量因素同时也是权数，这一点非常重要，或许在经济计量分析中更为重要。同度量是形式化要求，往往显在；而确定权数则是实质性要求，往往潜在，故更须充分关注。

第二，"一价定律"成立作为前提。

不同产品的价值量相加可以得到所有产品的价值总量。从日常交易的视角看，产品物量不能直接相加，不过乘上其相应的价格后，就能知道它们值多少钱。把各不同产品（物量）所对应的钱数合计，就可以知道这些产品一共值多少钱。看似挺简单，不过需要明确的是，这种产值计算方法隐含了一个非常重要的假定，即"一价定律（the law of one price）"的成立。在所计算的经济空间（时间）里，货币的购买力相同，在交易中是等值的。也就是说，相同的经济产品在所计算的经济空间（时间）内部其价值相同，都值同样数量的钱。显然，这需要以市场经济的充分发展为前提。人的套利行为（arbitrary）促成"一价定律"，但经济现实未必全然。笔者以为，"一价定律"应该是"趋一价定律（the law of approaching one price）"，关键在于，它是一个过程。

第三，"显示性偏好"作为规范性设定。

要加总就先要解决规范性问题，即加总规则。从这个角度看，价值指标的可加性又隐含着满足"显示性偏好"的假定，即所观察到的交易价格反映了购买者真正的偏好。当然，此偏好处于约束之下。在特定时空条件下，交易者只能实现这一水准的偏好，而交易价格则显示了约束条件下的偏好水平。在特定购买者眼里，他们所要购买的商品就值其所要支付的钱。

只是由于已经隐含了这一规范设定，我们在价值指标加总时可以直接进入计算程序，无须再做出其他规范性选择。但是，如果我们认识到市场价格受到扭曲，无法显示购买者的真实偏好，就须考虑如何做出新的规范性选择，例如ICP，就是对汇率（货币价格）作为市场购买力比较基础的否定。

第四，名义产出与实际产出的区分。

指标从其本质意义上都是相对的，而相对的基本维度是时间和空间。按照经济统计学的认知，物量与价格之积和，得到的往往是"名义产出（nominal output）"。试想，如果某经济体在第二年生产了与第一年完全相同的实物和服务，两年的产出总量就应该相同。不过，如果第二年实物和服务的价格上涨了，那么第二年的产出价值总量就会超过第一年，出现了通常所理解的悖相，经济统计对此自然不能放任不管。所以计算还不能算完结，接续的过程中还要剔除价格变动因素，即 $\sum$（VoP/P），从而得到物量的加总值，即"实际产出（real output）"，这是一种"引入再剔除"的间接方法。由于数据基础的原因，"物量价格分离（volume price breakdown）"是经济统计学的一种基础性的标准操作。

为了形象地理解，间接测度宏观物量也可以看作一种"仿生学方法（the bionic simulation method）"，人类测度物量就如同鲸鱼捕食。鲸鱼先吞入包含无数磷虾的海水，然后用鲸须板挡住磷虾，吐出海水，从而得到磷虾。在宏观物量测度的"仿生"过程中，名义产出（PVo）相当于包含磷虾的海水，实际产出（Vo）相当于磷虾；而价格（P）相当于海水。

人类总比鲸鱼聪明吧，那价值指标的计算就完事大吉了吗？经济学原理告诉我们，天下没有免费的午餐。中国传统文化告诉我们，凡事有一利必有一弊。这两种"告诉"说的是一个理儿——"经济可加性"问题解决了，并不能高枕无忧，还须考虑：获得可加性的代价是什么？需要经济统计学深入研究。

第五，可加性的主要代价之一：价格测度更为重要。

首先是笔者拷贝过来的"困难守恒定律"，所谓困难的解决并不是困难消除了，无非测度难点的转移——要求价格水平的测度更准确。引入价格造成了两种产出指标，即名义产出与实际产出的两分。实际上这也会造成价格本身的两分，即价格也存在着对偶性，或许程度上有所区别（这个话题待笔者另议）。

要得到准确的实际产出（即我们要认定的物量），对时间比较而言，需要准确测度价格变化（price change）；对空间比较而言，则需要准确测度价格水平差异（price difference）。如果价格测度存在不确定性，那么"间接法"就容易失效。如同鲸鱼捕食，如果口腔内的鲸须板损坏或失调，海水少排或磷虾随海水排走，则留存的磷虾数量会受到影响。社会事务复杂，要求人比鲸鱼更聪明。

第六，可加性的主要代价之二：产品确认更为重要。

另外一个难点是产品确认。严格而论，价格在此是一个依附性概念，它总是与某一特定产品相联系着。所以，要准确测度价格水平的变化和差异，其必要前提就是对"同一产品"的认定。产品相同与否，初看上去很容易。但如果深入探究，认定"同一产品"的难度及其给经济测度带来的影响远远超出了我们的想象，需要由"物理上的同一产品"发展为"经济上的同一产品"。

在时间比较中，为什么计算价格指数需要剔除质量因素的影响？其实就是为了确保价格测度的纯粹性。在空间经济比较中，"纯价格"测度及其"纯价格比率"对购买力平价 PPP 的计算至关重要。欧盟和经济合作与发展组织发布了《购买力平价方法论手册》，强调："对某项产品而言，可比产品采价确保国家间的价格差异仅仅反映价格上的差异，而不受质量差异的影响。如果此项要求不能得到满足，质量差异将误作为价格差异，导致价格水平以及相应物量水平的低估或高估。"这个公理被广为接受，但不能止步于此，事关重大，关乎货币购买力国际比较的初衷能否达成。这意味着，经济界时常引以为据的 PPP 数据未必可靠，恐怕存在不小的测度风险，由此引发的实证结论往往可能偏误。

第七，在指标可加性问题中看价值指标的可加性。

并不只有价值指标才存在可加性问题，三大类指标都存在此问题。只要在较高层级上需要给出"单一数值指标（single number indicator）"的测度和认知，即需要计算总量指标（aggregate），就需要将不同物量相加，需要解决可加性问题。

所谓"实物指标"也即"物量"，通常不大具备可加性，往往只是计算总量指标的基础。不过这也不绝对，有些场合实物指标也具备一定的可加性。比如在货物运输中，不同物资重量或体积量就可相加，这种总量指标可用来安排运输工具。

"物量"这个译名其实有点误导，与"物价"一样是个陈旧的概念（至今还有人习惯把 price 说成"物价"，而非"价格"），在服务不太发达的社会才比较准确。物量包含实物产品和服务，不仅是字面含义上的"物的量"，还包括服务的量，英文用 volume 没有问题，但中文用"物"字去翻译就容易跑偏。抠字眼的话，物量应该称为"项量"——不同产出项目的量。

价值指标通过引入"同度量因素"来解决可加性问题，而合成指标则恰恰相反，是把所有"构成指标（component indicator）"的量纲统统剔除，从而使得其可加。这从数学角度看没什么问题，但从"经济可加性"而言，还存在三大基本缺陷，笔者曾专文做过阐述。

第八，敢问经济测度之路究竟在何方？

国际经济学界存在着"加总派"与"合成派"的争论，谁也不能一统天下。无论如何，以GDP为代表的价值指标还不能抛弃，常规经济统计系统是社会基础结构的重要组成部分，此类公共产品是一笔社会治理不可或缺的社会财富，尤其需要长期生成和维系。"合成指标"流行全球，在社会福利测度中表现尤为突出，但实质上是另一种隐含基本缺陷的指标方法，无法预期其可完全取代价值指标。至于"指标体系"（现在流行称之为"仪表盘（dashboard）"）无法给出单一数值结果，而这又往往是选择和决策不可或缺的。总归是强人所难，社会各种用户齐心合力，逼着经济统计去"测度不可测度的事物（measuring the unmeasurable）"。

GDP需要被超越，又无法被超越（超越GDP实质上即超越SNA）。这就是全球经济统计的基本状态，一言以蔽之：走投无路。诸位莫以为笔者口出狂言，1993年SNA采用了"中心核算框架+卫星账户"的模式，一时颇受推崇。近三十年过去了，SNA之路以后怎么走，还处于未知状态。困难在于，按照社会对国民核算体系的要求，应该纳入的核算内容越来越多，但这些内容本质上彼此不相容，无法构建统一的核算平衡式，即"不可加"。当年正是因为这个基本困难，才不得已采取构建卫星账户这种外加方式，这也是权宜之计。随着经济统计的发展，卫星账户越来越多，且尾大不掉（最典型的是"环境经济综合核算体系SEEA"），使得原中心框架极易失去其重心地位。概括而言，SNA的形式无法承载那么多的核算内容，核算之路前程茫然。2015年全球收入与财富学会曾做专题讨论，但并未得到统一明确的见解。

不过，先别忙着笑话经济统计学者的窘境，这种数据"病毒"可是极易传染的，而且神不知鬼不觉，无孔不入。明了这一点，对各种经济统计数据的用户而言，尤其是学术界的高端专家，非常重要。诸位的智力产品至少存在着重大的原料缺陷，数据处理中的各种限制暂且不论，仅此一点，就不能对自己成果质量盲目地、过高地宣示，除非江湖的学术骗子。哪怕得了诺贝尔经济学奖，也绕不开人类共同面临的经济测度难题。绕开了，就等于穿上了皇帝的新装。不过倒也对味儿，经济学不正是社会科学的皇冠吗？

刊发于《经济学家茶座》2020年第1期（总87辑）

"四大"的工作经历值多少钱？
——透视经济统计中的"可测性偏误"

"四大"这个说法在财经领域比较有名，是指国际四大会计师事务所，德勤（DDT）、普华永道（PWC）、安永（EY）和毕马威（KPMG）。在中国大陆，这四家公司的生意特别火爆，优秀的年轻人也以能进到这样的公司工作为荣。

不过，这四家公司给年轻白领的薪酬并不高，前些年听说平均薪酬就是万元左右，但工作量超乎寻常得多。公司并不要求你加班，不过一个项目做下来，你不得不强迫自己加班，据说有的团队在出报告的期限前，往往得熬十来个通宵。

持续的、高强度的脑力和体力劳动，常人肯定吃不消。据说年轻人在"四大"大多也就打拼个三年五载，而后转场。铁打的公司，流水的雇员，"四大"的老板却一点也不愁，因为高素质的求职者络绎不绝，"东家"并不指望你在那儿做多久。

问题是，"四大"的劳动强度大，薪酬相对比较低，为什么好多年轻人还甘愿去做牺牲呢？财经专业的高材生连这点账都算不明白吗？东北有这么一套嗑儿："皮裤套棉裤，必定有缘故，不是棉裤太薄，就是皮裤没毛"。看着不可思议的事儿大行其道，其中必定藏着缘故，需要我们深入思考，把这隐含的缘故挖掘出来。

据内行人透露，原来在"四大"工作过的经历本身就是个"福利"，很容易成为猎头的目标，在"四大"的工作经历成了一种人力资本，容易在其他公司谋取高薪财务职位。市场为人才成长开路，曲径通幽。优秀的年轻人开始就有自己的人生设计，到"四大"不过是"曲线就高职"，预先积攒日后所需的经验而已。当然是"四大"的老板更精明，知道自己给了年轻人一种机会，所以就把薪酬压低，人工成本大减，利润最大化，"四大"得以持续为"四大"，由此，岗位的供求双方达成平衡。

从时间维度看，对"曲线就高职"的年轻人来说，在"四大"工作的经历和经验实际上是一种投资，或可以在将来兑现。换个角度看，其实他们的薪金收入挺高，只不过"四大"强迫他们"储蓄"一部分，留在将来兑现，换句话说，其薪金收入中有一部分是"期货"。当然，这种投资（储蓄）机制有风险，不存在直接对应关系。

经历值钱，这个道理在空间维度中也有体现，比如大学薪酬体系，有的名校现金收入并不高，但还是有许多教师愿意去就职。除了名誉自身的精神价值外，在名校当教授，往往会有更多的校外收入机会，堤内损失堤外补，总体上收入会更高。

总之，这个典型案例告诉我们，收入（利益）不仅仅是现金，也不仅仅是多出"实物报酬"的那一部分，全部收入=现金收入+非现金收入，"非现金收入"在项目构成上大于"实物收入"，二者不应混为一谈。要是能够明确这种指标口径间的数量关系，就容易避免经济统计中的种种"可测性偏误（countability bias）"。

令人遗憾的是，人们在进行经济统计和量化分析时，往往有"眼见为实"的倾向，容易偏注于看得见摸得着的现象，或现象中可观测的成分。对支付或收入都往往重视现金部分，而忽视无形的软因素，生活中这样的事例比比皆是。

比如，消费者要求商家送货上门，不仅得支付货款，还得提供家庭住址，这种"信息暴露"其实也是一种成本，是一种对信息使用权的让渡，但多数人没有意识到这一点。其实，收到针对自己的广告推送先别抱怨，那往往是自己以前不小心招来的。还有，公民需要纳税，其实税负并非局限于现金，公民填写各种表格也是在纳税——信息税是也。

　　再比如，美国前总统特朗普强行摊派美国驻军军费，他的理由是：美国不能既出人又出钱，去保卫别国的安全。这么推理，似乎很有道理，博得了不少美国人民的赞许。其实，这位大商人算账比谁都精，他掩盖了别国的非现金支付。

　　试想，别国不仅出了场地，还使得其老百姓处于大国军事竞争的中心，生命安全的风险特别高，卧榻之侧火药堆放，于心何安？再者，别国还在其他国际事物上倾向于，或不得不听从美国的安排，这实质上也是对驻军保护的一种补偿。从战略上看，美国把战争前线推出国门，推到敌国门前，别国成了其缓冲地带，美国本土面临的战争风险就大大降低，国民幸福感大大提升。

　　伊拉克是否有生化武器？当年并没有搞清楚，但美国前国防部部长拿着一小瓶白色粉末说有，有些国家就同意对伊拉克开战，这种支持难道不是一种付出吗？美国大佬揣着明白装糊涂，而我们有的人揣着糊涂装明白，反差岂不太大？

　　由于现实经济社会现象的多元复杂性，即便指标加减这种看似小学算术也能应付的运算，实则很难算准。在社会经济测度中，经济统计应该并需要尽可能地指明种种指标陷阱，以免误测，这恰恰是经济统计学的初心和使命。

　　荷兰阿姆斯特丹大学的丹尼尔·缪格（Daniel MÜgge）教授对"可测性偏误"做了专门的概括，即经济统计系统地偏重经济生活中易于计量的部分。这一方面导致"物质主义偏见（materialistic bias）"，在国际经济统计中表现为聚焦于"总流量（gross flows）"，忽视"净贸易流量（net trade flows）"，造成了"装配线中心偏误（assembly hub bias）"。强调指明这种偏误，对我们校正对国际关系的认知很有指导意义。

　　须知，当全球价值链形成之后，就很难说某个产品是由哪个国家制造的了，"×国制造"往往成了伪概念，绝不能把总装厂产品全然视为该国的制造品。进而，一个国家在全球制造业中的比重也难以分辨，因为各种进口零部件的累加价值可能很高，需要完全剔除"第三国贡献（third-country contribution）"，即该国产品在生产制造过程中从其他国家进口的中间品价值。制造业占全球比重的大小究竟如何，得把他国制造的成分剔干净了再论。

如果核心部件掌握在别国手里，一旦贸易争端极端剧烈，可能对总装国的生产产生"断链效应"，整个生产链都无法维系，影响度并不仅仅是"进口部件价值占GDP的比重"，还有该生产链产值占GDP的比重，此外，还应该包括生产链中断所造成的波及效应。

然而，净值计算非常困难，发展中国家的经济统计基础薄弱，经济统计的投入和积累也相对不足，较长时间内很难给出这种深层次测度。发展中国家的经济统计指标通常以总量计算为主，往往停留于表面化的认知上，而这对国势和大国竞争格局的判断都会产生重大影响。

另外，"可测性偏误"还会表现为"货币计价偏误（monetary bias）"，计价使得用于货币交换的生产和劳动在统计中处于优先地位，而尚未市场化的生产和劳动则被边缘化。此外，经济活动中的"快闪（ephemeral）"部分也容易漏算。

缪格教授总结了国际经济统计中的四种偏误，除了"可测性偏误"外，还有"专家关注偏误"、"资本主义偏误"和"隐匿财富偏误"。这些偏误与数理统计所分析的偏误截然不同，在社会经济计量中需要认真学习和分辨。纠正这些特有偏误需要一个长期过程，还有大量研究工作要做，还得有人潜心打基础。

"四大"就职的故事只是个引子，言微旨在大义。推进国家治理体系和治理能力现代化的总体目标需要分"三步走"，为什么需要这么长时间？原因挺多，其中一条是基础薄弱。如果要高质量发展，就需要高质量的经济统计作为"社会基础结构"，而对经济统计偏误的深刻认知就是这种基础结构的重要组成部分。我们在经济建设中重视"物质基础结构"，比如认准了"要想富先修路"的理儿，于是高速、高铁的建设就发展很快。然而，"社会基础结构"尚未引起足够的重视，广义来看，这本身就是"可测性偏误"的一个典型症状。

刊发于《中国统计》2020年第8期

一网打不尽

——关注国际经济统计中的"财富隐匿偏误"

如今是网络的天下，网络数据的一大优势就是其全面性——一网打尽。有的人对大数据时代的到来非常兴奋，觉得原来统计学苦苦发明和实行的抽样调查都要过时了。现在网络四通八达，很容易搞全面调查，拿到手的就是总体数据。

互联网能让网外的人边缘化。因此，网络是一种侵略性很强的社会话语权。比如，笔者的手机没设置支付功能，现在停车就遇到了大麻烦。好多停车场不再设人工收费员，只能扫码支付，而后栏杆才能抬起来。若是你手机不能（不会）扫码，自然不敢往里面进，空车位再多你也不敢冒险进去。而车停在路边，就有被贴罚单的风险。出行受到了限制，心里就打怵。还有各种打车软件，没有手机支付功能，叫车步骤就进行不下去，只能到路边伸手拦车，如果用手机约车，自然比较方便。网络机制往往设定：每部手机都具备支付功能。少数人拒绝使用支付功能，就等于甘愿放弃数据智能化带来的实惠和便捷，在现实生活中往往"寸步难行"。

然而，一网未必打尽，深水或有大鱼。

其一，不是所有人都上网。其二，即便对上网的人来说，也不是所有行为都在网上表现。而且正相反，越是隐秘的行为，越需要或愿意躲开网络。其三，网上所表现的未必真实，甚至恰恰与实际交易相悖，无论水平、结构或趋势都可能偏误。最典型的事例，"9·11事件"以后，本·拉登和他身边的人肯定不会上网，按说，跟他有联系的人都不能使用网络。别看这种人的数量不多，可他们的行为对国际社会的影响却是巨大的。他们自己的花费或许没那么多，却调度了巨额资金的全球走向。再从对立面看，美国为追踪他们，其花费也是相当大的，而且是保密的，其真实的相关事项在网上根本表现不出来。

仅此一例就可以看出：瞧不起"躲网的人"，把他们都当作被时代淘汰的落伍分子，测度时也很可能漏掉这些群体。把网络表现出来或淘到的数据当成事物的全部，忽略"网外之鱼"，忽略大网当中礁后、草里、沙掩、深水之鱼，恐怕过于天真。此种忽略是数据分析隐含的重大风险——进了互联网，未必就进了你的数据分析之囊，而经济统计就特别关注这种潜在风险。

在国际经济统计中，存在着种种"测度偏误（measurement bias）"，其中一种就是所谓的"隐匿财富偏误（stealth-wealth bias）"。荷兰阿姆斯特丹大学的丹尼尔·缪格（Daniel Mügge）教授曾经专门撰文（可参见《国际经济统计：全球事务中的有偏仲裁者》）对此进行阐述。

缪格教授指出："复杂的衍生品和公司结构、'合法欺诈（legal trickery）'和'隐秘司法辖区（secrecy jurisdictions）'造成了'隐匿财富偏误（stealth-wealth bias）'，采用随意转移而脱离实际生产过程的方式，大公司和富人可以为了记账目的重新安排财富和生产，其后果是，我们对'价值在哪里生产'和'谁拥有价值'的认知被系统地扭曲。"

缪格教授列举了"隐匿财富偏误"的以下四层含义：（1）开曼群岛比较有名，它就是"隐秘司法辖区"的典型代表，金融财富通过其掩盖了最终所有权关系。（2）大量使用衍生品造成了"跨境负债（cross-board liabilities）"，没有任何货币流出现，而所有权的"地理区位（geographical location）"和"财务风险（financial exposures）"因此难以确定。（3）大跨国公司按规定应该对外披露其结构和活动，本来应该以其实际操作为准，但它们往往出于法律和财务动机进行特别展示。（4）大部分全球贸易发生在跨国企业内部，测度跨境运输的产品价值，往往依赖于企业提交的"转移价格（transfer prices）"，这使得企业有足够的空间使其"税单最小化",国际交易的图像则成了刻意构造的信息。

"隐匿财富偏误"对国际经济统计数据的影响相当大,据联合国贸易和发展会议(UNCTAD)估计,2015年全球FDI流量的净20%用于"迂回(round-tripped)投资",通过离岸(off-shore)"特殊目的实体(special-purpose entities)"回到母国经济体,利用外国税收体制,以隐匿其财富。

缪格教授的阐述指明了政治算术的艰难之处,对国际经济统计富有启发意义,至少我们应该注意以下几点:

第一,技术之网与金融之网的区别。

互联网是技术之网,只是手段和工具,金融之网才是目的、动机和内容。"全球生产链""全球价值链"的概念大家都很熟悉,这些都是显而易见的网,其背后隐匿的却是一张暗网,即"全球财富链"。财富往往愿意隐身,生产在哪里相对而言还容易搞清楚,但是利润去了哪里却扑朔迷离。博弈双方都悄然行事,动奶酪的不想声张,被动的则东躲西藏,而这才是国际经济统计的真正难点。

第二,GDP作为增加值往往只是个理论概念。

按照经济学定义,GDP是本期各生产部门的增加值之和。GDP被认为是衡量国家经济状况的最佳指标这固然没有问题,然而如今全球产业链已经是高度细致分工,到了这个阶段,各国生产往往你中有我、我中有你,各自的增加值究竟是多少呢?很难明察秋毫。否则,中美贸易差额就没那么大分歧了。在这种格局下,GDP往往沦为经济活跃程度的笼统记录,更像某种"流水"性质的指标。GDP高了,未必就真的具有更多的增加值,可能有他国的中间投入没剔除干净,本国的经济成就未必如数值表现得那么大。

第三,GDP和利润未必同向增长。

开放国际合作会有两种结果:可能获得更多的利润,也可能为他国贡献更多。经济做大和做强是大有区别的，国人讲"身大力不亏"，虽然有一定的道理，但不能误解了"做大"，大了不一定就强，只是似乎已经"做强"。就国家发展而言，做大相对还算容易，但做强可需要打持久战，而且越来越艰难。

就国际经济统计来说，经济活动有"最终受益者"和"最终受益者母国（the ultimate beneficiaries home countries）"，辨明这两个概念非常重要。美国资本家曾公开说过，中国人喜欢 GDP，那就给他们好了，只要利润归我就行。想想我们加工名牌运动鞋，每双只能得到不到 2 美元的加工费，而发达国家市场的零售价是 60 多美元，中国增加值与美国利润的分配是不成比例的。所谓自由竞争市场从来不是一种真实的存在，现实社会有"价格决定者（price maker）"，也有"价格接受者（price taker）"，很少部分产品的价格才由众多市场参与者共同决定。在这种利润分配模式下，我们外资经济活跃程度越高，受到的盘剥就越多，外国资本当然不是来做慈善的。

第四，经济统计中的不确定性更多地表现为"模糊不确定性"。

曾经有一种说法，数理统计处理不确定性问题，而经济统计只能处理确定性问题，而社会经济现象大多具有不确定性，所以经济统计不够科学，需要用数理统计来取代。这是一种似是而非的浅表感觉。

社会经济现象的确多为不确定性问题，但是不确定性问题本身又是多种多样的，数理统计处理的"随机不确定性"只是其中的一种，而模糊学处理的"模糊不确定性"则是另外一种。就社会经济现象的时间关系来看，需要更多地关注随机不确定性，但就社会经济现象的空间关系来看，则更多地需要关注模糊不确定性。

在模糊不确定性问题中，又可分为客观模糊关系和主观模糊关系。前者是事物本身边界不清楚，而后者则是人为地让事物边界变得模糊不清。这里，隐匿财富的行为就是刻意让其源头无法辨认，从而谋求一己私利。我们的应对措施就是兵来将挡，采用模糊学方法加以化解，用适宜的数学工具作用于适宜的对象。

　　总之，依赖网络数据，利弊参半。完全依赖，那它就很可能成为我们的"方便样本"，必然导致认知上的偏误。尽管网上的基础数据浩如烟海，但仍然有大量的数据工作要做。比如，如何补充网下经济、网下数据，甚至，如何打捞淹没在数据海洋中的主题相关数据，如何甄别网上混杂在其他主题数据中的相关数据。

　　数据整理可不光是手工活计，其本质上是"脑力劳动密集型"的工作。一网打不尽，网下也还得多下笊篱。至于往哪里下网、下笊篱，怎么下网、下笊篱，能不能捞到值钱的东西，就看数据整理者的眼力和心力了。

刊发于《中国统计》2020年第9期

全要素生产率分析隐含了哪些测度陷阱？

　　全要素生产率分析是经济量化研究中的一个重要领域，几十年来学者们乐此不疲，用各种所谓"前沿方法"推进和深入研究此领域。然而，任何经济计量模型都应该建立在坚实的经济测度与核算基础之上，否则就存在相当大的科学道德风险。全要素生产率（total factor productivity，TFP）分析包含或隐含了若干测度假设，本文主要从结构角度和参数推断角度加以挖掘，并拓展对应用经济学模型进行实证分析的一般性思考。

一、"全要素"究竟全不全？

　　众所周知，在当下流行的生产率模型中，所谓全要素其实只包含了三个要素，劳动（L）、资本（K）和技术（T）。这个模型相比劳动生产率和资本效率的单因素分析，当然是巨大的进步。然而，这三个要素是不是生产率要素的全部呢？除了技术进步之外，还有哪些要素应该且可以纳入生产率分析模型呢？

　　首先需要考虑的是体制（institution，I），有经济学者研究比较了英国殖民地与法国殖民地发展的异同，发现前者的发展水平普遍优于后者，并认为是英国殖民期间为其殖民地建立了较好的体制。这类研究结果意味着什么？是否应该且可以将之列入生产率分析？

　　其次，文化（culture，C）是不是应该作为一个生产率要素？不同文化对于经济发展的根本态度不同，对有的文化而言，是否发展都是一个需要思考的问题。

还有资源（resource，R）和环境（environment，E）等，是不是应该作为独立的生产率要素？

有学者认为，上述四个因素已经纳入了前三个要素之中，不必专门分析，故而已有模型可称之为全要素分析。问题的重心在于，为什么前三个要素可以代替后四个因素？前三个要素固然很重要，难道后四个就没那么重要，仅仅是因素，而非要素，从而就可以忽略或替代？

再者，生产率增长所包含的要素真的可以穷尽吗？凯恩斯曾经说过，"我没有完整地论述决定生产量的所有因素，因为它会让我走上一条无尽的漫长征途"（引自尼古拉斯·凯恩斯大战哈耶克［M］. 闻佳，译. 北京：机械工业出版社，2013）。如果无法穷尽，则我们在进行生产率分析时必须做出选择，究竟应该确定几个影响因素？这就是"因素（factor）"和"要素（the elementary factor）"的层次区分。

二、劳动、资本和技术三个要素是可分解的吗？

要分析各个要素对总量的贡献，其前提是各要素可以分解，或者说它们彼此相互独立作用，用数学语言来说，L、K和T这三个要素都应该是独立变量。

使用剩余法或残差法的一个前提是：剩余项（或随机项）中不再包含系统因素的影响，否则剩余项不能服从正态分布，估计随机波动时就会出现偏差。再者，只有各分量的贡献之和等于总量，才可以使用残差法。只有把总量系统中所有的系统性因素都分析出来，干扰项才可能是随机量，才可能服从正态分布。

如果把除了劳动和资本之外的增长要素都归结到技术之中，那么技术就成了"余类"，像国民经济分为一次产业、二次产业和三次产业，三次产业就是余类。"余类"意味着不同系统因素的混杂，其不可分解性更强，这意味着还需要进一步将不同的系统因素分解出来。

即便生产率要素只有三个，劳动、资本和技术的作用彼此可以完全分解吗？如果它们之间存在着交互作用，则一定需要将这种交互作用人为地分配到不同要素之中，尽管这种分配隐含在模型过程中。两个或三个要素的"共同贡献"究竟划分给哪个要素，究竟按什么比例在要素之间分配？我们是否可以得出这种分配的依据——对象空间要素的联合分布状态及其变化趋势？

需要因素变量的独立性假设，从而保证不同因素变量所包含的信息没有重叠。

全要素生产率分析将技术进步引入模型，应该是一个相当大的进步。然而，尽管声称为"全要素"，TFP模型也并不是生产率因素分析的终点，就所处理因素的全面性而言，它仍然只是一个待拓展的方法，需要进一步深化改造。

我们再从加乘关系的角度来考察总量与组分，模型包含的因素数量不同，其交互作用关系也就不同：

$$f(a, b) = f(a) + f(b)$$
$$+ f(ab)$$
$$f(a, b, c) = f(a) + (b) + f(c)$$
$$+ [f(ab) + f(ac) + f(bc)]$$
$$+ f(abc)$$
$$f(a, b, c, d) = f(a) + f(b) + f(c) + f(d)$$
$$+ [f(ab) + f(ac) + f(ad) + f(bc) + f(bd) + f(cd)]$$
$$+ [f(abc) + f(abd) + f(acd) + f(bcd)]$$
$$+ f(abcd)$$

在变量关系式中，若包含的组分增加，则交叉项增加。组分越多，交叉项就越多。在两组分情形时，交叉项1项。在三组分情形时，交叉项4项。其中，双变量交叉项3项，三变量交叉1项。在四组分情形时，交叉项共11项。其中，双变量交叉项6项，三变量交叉项4项，四变量交叉项1项。

如果总量一定，且分组足够细，则分量的交叉项就小。分组越细，分量就越小，进而分量的交叉项就会变得很小（数学中两个小的量相乘，其乘积会变得更小，乃至趋近于0）。在上述两个基本前提下，变量总体变化才可以约等于各因素变量的作用之和。

在经典物理现象中，这种"约化处理"或许可以成立，但是在生物现象特别是社会经济现象中则未必。在社会经济现象中，多变量交互作用可能收敛（显然，只有对象收敛，迭代法才会有效），形成负反馈过程；但也可能扩散或放大，形成正反馈过程。对后者而言，如果忽略变量间的交叉作用，将总量变化仅仅视为各分量作用之和，往往会严重偏离经济现实。

如果我们在总量变动模型中忽略了各组分变量间的交叉作用，是不是仅仅考虑了变量收敛过程的一面，而摒弃了变量扩散过程的另一面？或者说，我们隐含地假定了：各组分变量间的作用是收敛的。

三、生产率分析的基础测度及其内在一致性

生产率分析的测度基础是产出总量统计和各要素分量统计，这两种统计不仅需要准确，而且需要彼此匹配。

总量统计准确，即生产统计的范围确定恰当，否则生产的变动（生产率）就未必准确。迄今为止，世界各国仍然以GDP作为生产的综合指标，其负面问题也将随之代入生产率分析。

一旦总量所包含的分量确定，那么对分量的统计也要准确。其中至少需要考虑以下四个问题：

第一，分量统计存在一个层次问题，即对各种生产率因素如何分级？这也会影响到生产率分析。劳动包含了体力劳动和脑力劳动，不同层次的劳动在不同经济发展阶段的作用不同，所占比重不同，与其他要素的交互作用不同。资本通常分布于流动资本和固定资本，技术属于哪个生产阶段？它们对生产率增长的贡献是直接贡献，还是间接贡献？

第二，劳动、资本和技术三个要素都存在着作用的时滞性问题，即各要素作用在所处理的时段间内如何分布。实证研究中，生产率分析必定是相对于（即局限于）一定时间和空间的，然而，要素的作用却是时空连续的，这就需要研究者人为地加以"定格"。

第三，总量（产出）与分量（投入）的测度匹配问题。在经济统计现实之中，总量与分量（L、K、T）之间的指标口径无论从时间还是空间角度看，都并不容易达成一致。纳入投入分量（L、K、T）的未必纳入产出总量，而纳入产出总量的，也未必纳入各投入分量。其中，既可能是由于数据的可得性不同，也可能是由于其他未知因素的作用影响。

第四，还存在各要素作用方向的一致性问题。正面作用和负面作用如何调整纳入整体评价中？

四、从参数估计角度看

从 $Y=f(L, K, T)$ 及 $\Delta Y=aL+bK+cT+\gamma$ 关系式看，分析目标是生产率及其变动。当我们掌握了等式右侧的变量及其参数的数据，就可以计算得出产出 Y 的变化。其中，各变量的参数 a、b、c 是怎么得来的？需要根据样本（一定时空）Y、L、K 和 T 的数据计算得出。再将这几个参数与各变量值组合在一起就可以计算得出生产率的变化，还可以计算得出各变量对生产增长的贡献比重。

计算所需要的部分已知条件（参数 a、b、c）需要采用待求解项（Y）及其分项（L、K 和 T）的历史数据来估计，所以，生产率及其分量是"基于估计的估计"，生产率分析其实遵循着一种"套套逻辑"，这是一个非常聪明的设计，可以做到"无中生有"。不过还需要审慎处理，否则就会带来测度风险。严格而论，所有测度数据都是局部的、过去的，如何用来实证一般和现在情况？

参数即各变量在一定时空格局下与总量的关系，即变量间关系的一般化或固化。需要预先估计的实质上是样本参数，即根据"一时一地"的变量数据估计得出的中间数据。如果我们再根据这些样本参数去估计"他时他地"的生产率变化以及各变量对总量的贡献，则意味着我们设定这些样本参数在"他时他地"保持不变，具有一般意义，故而可以外推。

还有，通常我们将时间或者空间其中一个固定，分析同一空间在不同时间的生产率变化及其要素作用份额，或者分析同一时间不同空间的生产率变化及其要素作用份额。后者的分析难度更大，因为时间变化是单向的一维的，而空间差异则是多元的。我们确定空间，通常是指地理空间，这个空间概念比较固定和现成，但其他空间概念则存在较大的变数。

比如在重点调查中我们可以采用"规模以上工业企业（简称规上企业）"的空间概念，无论这个规模确定在什么水平（程度）上，不同年度的这个概念都可能包含了不同的企业，因为工业企业的规模会发生变化，有的企业规模变小了，低于"规上"的水平；而另外一些企业可能规模变大了，超出了"规上"的水平，可见，"规上企业"是个变化中的概念，不同年份的"规上企业"深究起来并不完全可比（但在通常情况下，"规上企业"名录的主要部分可比）。

在物理学中有测不准定理，人们无法同时测度事物的空间位置和变化速率。然而在经济对象分析中，我们却试图同时进行时间和空间的比较，这种比较是否真实地达成了模型目标，值得警惕和深思。由于有机性与无机性的差异（哈耶克在其诺贝尔经济学奖获奖演讲中做了一个与文理两分不同的学科分类，这一差异甚至超出了自然科学与社会科学的差异），由于人的"自反性"，社会经济现象远远比经典物理现象复杂，在分析能力上经济学究竟能否超越物理学？

五、生产率分析隐含的假设及其拓展思考

综上所述，生产率分析至少包含或隐含了以下假设：

（1）影响生产率变动的主要因素只有劳动、资本和技术进步，其他因素的影响或者比较小以至于可以忽略，或者已经由上述三个要素代为

表现。

（2）影响生产率变动的这三个因素是独立的，其作用可以分解。

（3）生产率分析中所使用的生产总量测度是准确的。

（4）生产率分析中所使用的各投入分量的测度都是准确的。

（5）生产率分析中所使用的生产总量和各投入分量口径是一致的，彼此间是匹配的。

（6）生产率分析中各投入要素与生产总量在该分析框架下的函数关系在不同时间或不同空间是不变的。

从一般意义上看，我们应该如何看待这些模型假设呢？

任何经济学模型，包含假设是必需的、正常的。无假设则无以建构模型，模型假设实际上是该模型"有效空间"的边界（参见邱东.偏差测度悖论与方法改进陷阱［J］.学术问题研究，2007（1）：95-107；邱东.套用经济学模型的可能陷阱［M］.北京：中国财政经济出版社，2013）。问题的要害不在于模型是否包含假设，而在于我们是否对模型所包含的诸假设了然于心，特别是对模型所隐含的假设是否有必要的认知。笔者认为，对模型假设的必要认知应该包括以下几个主要方面：

首先，为什么模型需要该假设？是为了建模本身，还是仅仅为了使用精确的、先进的、流行的数学方法？建模时究竟是"问题优先"，还是"工具优先"？如果是"问题优先"，则需要特别关注模型的理论一致性：模型的分析机理究竟如何，其逻辑节点如何连接？

其次，模型假设的社会经济意义究竟是什么？比如变量独立假设、同分布假设、正态分布假设等对分析对象意味着什么？是不是对数学方法局限性的一种揭示？模型"可计算"意味着该模型可以得出解，比如数据收敛则可采用迭代法求解，但未必确保所得出的"模型解"一定具备其应有的社会经济意义。

最后，模型假设与社会经济现实的契合度或差异究竟有多大？这涉及模型有效空间与现实空间的差异，即理论与社会经济现实的匹配性（或一致性）。如果假设过假，能不能若无其事地照旧使用模型？能不能把原因归结于人们实践的错误？模型假设对模型分析结论的影响是什么？模型分析的有效性和可靠性如何？

概括而言，如果确实要进行实证研究，而不是形式化地量化处理，则需要注意区分三种"一致性"：数学方法自身的一致性，经济学理论自身的一致性，经济学理论及所用方法与所分析对象——社会经济现实的一致性。达成了数学方法自身的一致性，并不能确保达成经济学理论的一致性，或者说在数学意义上成立的概念，未必在经济学意义上成立，所以，数学方法的一致性并不能替代经济学理论的一致性。同样，达成了经济学理论自身的一致性，并不能确保其与社会经济现实的一致性，因为抽象理论在应用过程中还必须进行反向处理——具象化还原，所以，经济学理论的内在一致性和数字方法的内在一致性也不能替代其与社会经济现实的外在一致性。

刊发于《经济学家茶座》2019 年第 4 期

迪顿新论超越GDP

——敢问路在何方？

一、引子

2020年1月，美国普林斯顿大学教授安格斯·迪顿在美国经济学会圣迭戈会议上发表了题为《超越GDP》的讲演。

迪顿教授于2015年获得诺贝尔经济学奖，成果颇丰，不过他曾向一位物理学家介绍自己：他是研究贫困测度的。这么介绍有他的道理，他在剑桥大学的老师是理查德·斯通先生——SNA的开山大师、1984年诺贝尔经济学奖获得者。迪顿教授目前担任世界银行国际比较项目（ICP）技术咨询组（TAG）的主席，还参加过"SSF经济测度报告"的研究，从迪顿的《逃离不平等》可以看出，他对经济测度问题的深入思考，虽然并不局限于此，但他的确是一位资深的"测度经济学家（measurement economist）"。

"超越GDP"这个话题已经流行了十多年，《SSF经济测度报告》对此有过较为系统的论述，为什么旧话重提？迪顿开篇就说，GDP近来面临着不同寻常的激烈批判，甚至一些评论家提出，要用更为直接的福利测度（基于自我报告的）取而代之。

迪顿教授的演讲主要涉及三个方面，GDP的概念与功能、分配核算账户和健康服务测度，涉及美国当下社会关注的热点，也都是经济统计学的老大难问题。经过名家点评，我们可以进一步明确学者的使命——当今经济学界需要深入研究的前沿课题。

二、GDP概念和功能

GDP的利弊，既有指标自身的问题，也有人们如何发挥其功能的问题。迪顿认为，GDP的多数麻烦源自将其视为"物质性福利（material wellbeing）"的测度，而GDP指标的三个单词都隐含着问题："总值（gross）"假装我们可以忽略生产所带来的负效应；"国内（domestic）"忽略了这样一个事实：我们不能消费非我所属的产品；"生产（production）"本应该警示我们这样一个事实：它既不是收入，也不是消费。

迪顿教授的第一点涉及可持续发展测度，主要是资源环境的成本效益如何统计的问题。第二点涉及GDP与GNI的关系。第三点则涉及"三方等价原则"。需要注意的是，原来我们在把握国民核算原理时，过度解读了"三方等价"。其实生产、分配和使用这三个方面只是在总量上等价，从而，这种内在关系有助于我们编制国民账户体系和"社会核算矩阵（SAM）"。然而，不能放大这种等价关系，不应该用对生产的理解全面取代对分配和使用的认知。

迪顿教授认为，要表现"物质性福利"，应该采用其他核心指标，比如"国民生产净值（Net National Product，NNP）"，或"实际个人消费（Actual Individual Consumption，AIC）"。然而，前者涉及"固定资产消耗"的估算，后者则涉及成本效益比较的范围确定，都涉及经济统计学中的"模糊不确定性"。当初之所以选择"总值指标"（GNP或GDP），其原因就是出于核算可行性的考虑。如果原有的测度难题没有得到有效解决，核心指标的更换就仅仅是悬空的建议。笔者撰写了《经济测度逻辑挖掘：困难与原则》，对《SSF经济测度报告》做了系统批判，对相关议题有过论述。

经济指标功能的发挥具有时代性。当社会经济领域发生变革后，原来适用的指标就可能暴露出其局限性。迪顿教授在讲演中提到了这样一个事例：无形资产大规模涌入爱尔兰，导致其 2015 年的 GDP 陡增。伴随着无形资产规模与有形资产规模比例的提高，伴随着税收减免的国际竞争，伴随着全球化趋势，无形资产的价值可以在国际上瞬时转移，形成经济中的"快闪（ephemeral）现象"。

按照经济测度原理，资产存量起伏变化，GDP 数值也应该跟着起伏变化。问题在于：这种资产存量的数值变动很可能淹没了主要经济流量的变化——比如与物质性福利更为相关的居民户可支配收入（消费）。其偏误的后果是，如果我们仍然以人均 GDP 作为"物质性福利"的测度，那么世界上最富有的地方就成了那些只有少数人口的"税收天堂"。

经济流量中的"非实物项"变化到底要不要反映，又如何反映？事关经济统计的"相关性"，即民众身边发生的事项与统计人员所测度的事项是否关联。若应对变化则对数据质量会有大的影响：GDP 的主要部分将由"估算值（imputed value）"构成，而非原来所推崇的、更具客观性的"记录值"。此种格局下，如何确认指标的经济内涵？如何确保数据结果的可靠性？如何保持经济测度的声望？

这些测度难题其实早就存在，不过当今世界种种矛盾激化，突显了经济统计由来已久的困境。看似算术级别的计算，复杂性却另有多重维度，远没有外界想象的那么简单。

三、分配核算

实际上没有哪个人得到（人均）GDP，不同的人得到不同量的收入。迪顿教授直白地指出了当今世界上两种不同的增长：一种是"窄基型的经济增长（narrowly based economic growth）"，收入分配中的高层人士或知识精英受惠；另一种是"宽基型的经济增长（broad based growth）"，多数人参与其中。

由于这个对测度非常重要的基本事实，收入不平等的加剧，对收入分配统计的需要更为急迫。过去人们往往将经济总量看成核心指标，至此我们才知道，其隐含的前提是收入分配大致公平。市场机制这么长时间都没有解决社会公平问题，反而加剧了不平等，这导致人们对经济结构的测度更为看重，核心指标就需要变革了。

那位著名的托马斯·皮凯蒂（Thomas Piketty）先生撰写了《21世纪资本论》，他做了经济统计学者应该做却一直没有做的事情。Piketty, Saez and Zucman（PSZ）为美国编制了"分配性非总量国民账户（distributionally disaggregated national accounts）"。皮凯蒂团队的基本理念非常诱人，但其开创性的尝试也揭示了许多非常严峻的核算困难。

迪顿教授坦言：分配核算是一个争议性极大的课题，分配账户的编制需要假设——武断的、无法为证据所支撑的假设，这涉及广受政治偏见挑战的领域，涉及价值判断。假设选择不同，数据结果不同，从不平等加剧到不平等减弱，其间可以有无数不同的认知结论。就分配账户的可靠性而言，迪顿教授似乎信心不足，他更倾向于对个人收入分配的测度，虽然也很困难，但相对而言更为可行。笔者赞同迪顿教授的求实态度，有知者有畏，可行性考虑往往是经济统计学者望而却步的原因。

四、健康服务测度

健康服务是社会各种服务中的一个重要组成部分，既可以是私人品，也可以是公共品，其测度是传统意义上的，测度疑难问题，但对美欧福利比较而言，则一直是个特别敏感的公共管理辩题。

本来，服务测度也应该用产出法，像实物产品一样，直接测度所提供服务的多少。不过服务比实物产品更繁杂，数不胜数，测度其产出需要分别采用所谓 physical indicator（实物指标，到这里应该译为"实项指标"）。就健康服务测度来说，采用诸如手术次数、医生访诊次数和处方药销售额等指标。其麻烦在于，即便我们能够做到这一点，也无法将其全部加总。无论是生活常识，还是经济统计学的基本原理，都告诉我们，实物指标本身不具备"可加性"。理发一次与就餐一次加在一起，算什么呢？此路恐怕很难走通。

经济统计学给出的解决方案是间接地采用"投入法"（"成本替代法"），把提供服务所花费的成本相加，作为服务产出的替代值。然而，随着产出重心从实物转向服务，间接法受到越来越多的质疑和批判。

在此次讲演中，迪顿教授强调了用成本估计产出的现实弊端和危险。健康服务估值占GDP的比重相当大，但如果用成本估价，健康服务提供商就可能更便于垄断美国公共健康服务系统（Medicare and Medicaid），比如通过不必要但利润丰厚的手术等将成本转化为利润，虽然不知偏误的精确数值，但所谓服务价值肯定大大低于其成本，类似情况导致了对美国健康服务产出的过分高估。

在公共管理和经济统计界，比较一致的意见是从间接法再返回到直接法的服务产出测度，《SSF经济测度报告》对此有过论述。问题在于，这些年来，我们并没有在直接法测度服务产出上取得突破性进展，"实项指标"的"不可加性"并没有得到根本性解决。

还有一点也涉及经济统计学无法摆脱的一种悖境，即对产出的道德判断。迪顿教授讲演中用到的例子是类鸦片产品，其产值也计入了GDP。

当我们测度产出成果时，指标口径当然应该是对消费者有正效应的产出，不光中文里"成果"蕴含着褒义，英文实际上也是如此。然而有以下四点需要明确：第一，在现实社会里，产出的正效应和负效应客观上经常被混淆，其界限未必那么分明。第二，人们对其的认知也未必完全一致，认知还会因时因地因人因事而发生变化。第三，正效应活动与负效应活动往往存在无法切割的联系，比如，合法收入用来购买毒品，而非法收入用作日常消费品。第四，经济测度特别需要考虑时效性，不能等人们一项一项都争论清楚了再搞统计。综上理由，现在国际通行的原则是，经济统计不做道德判官。即便贩毒等违法活动，作为地下经济也需要估算其产值，并纳入 GDP 总量。所以，到目前为止，尽管某些指标被纳入了负效应项目，但还不应该将其视为弊端。

五、迪顿讲演对中国国势和大国竞争格局判断的启示

迪顿教授在美国经济学会上讲 GDP，看似一个总量指标，实则事关美国社会大局。经济统计服务于社会认知，在指标和数据应用中，我们应该坚守经济统计作为国势学和政治算术的本质。迪顿教授直言："We cannot consume what doesn't belong to us"，这句话看似平常，却道出了非常深刻的经济学道理，尤其对当今中国国势判断和大国竞争格局具有启发意义。

国人喜欢用 GDP 数值来证明，中国已经是世界上第二大经济体。事关大国竞争格局的认知，仅仅采用 GDP 指标的比重，就认定了所谓"战略临界点"，实属掉以轻心。大国竞争的历史告诉我们，美国在人均 GDP 超过英国 50 多年之后才取而代之，掌控了全球格局，中间还借力于两次世界大战。我们这些年太过看重 GDP 总量了，英国学者约翰·史密斯有个说法，国际社会中存在着一种"GDP 幻觉"，笔者高度认同这一判断。其实严格而论，GDP 只是对一国经济活跃程度的测度，未必是其国力的真实表现，笔者在《GDP 不是新兴国家测度和比较国力的适宜指标》中对此专有论述，这是一个对所谓 GDP 常识具有颠覆性的话题。

还有一点非常重要，世界银行 2017 年基年的国际比较项目结果即将公布，按照迪顿教授对 GDP 的理解，其实 ICP 以 GDP 作为基础指标颇有偏误。相比而言，或许 GNI 更适合用作国际经济比较。需要高度警惕的是，ICP 的数据结果隐含着基础性偏误，国人切不可盲目采信，尽管按照 PPP 调整的 GDP 使得数据看起来更为漂亮——中国经济总量排名第一，其中着实隐含着捧杀的风险。

迪顿教授对两种增长类型的区分，也与中国国势和大国竞争格局的判断相关。我们尤其应该注意以下几点：

第一，美国产业资本外移并非完全迫于本土劳动力的成本压力，还没有到不得不转走的程度，其实有的产业利润空间还相当大。只是新兴国家的劳动力成本非常低，又没有工会压力，再加上当地政府的各种优惠措施，诸方面因素导致其产业资本的大量外移。约翰·史密斯先生专门算过这笔账，还于2012年公开发表专题论文，中国人尤其不应该忽视。

第二，美国产业资本外移是迪顿教授所说的"窄基型增长"，请注意对美国整体而言仍然是增长，其生产环节并没有太大问题，我们不能被所谓"锈带"城市的萧条外貌所迷惑。

第三，21世纪以来，美国平均每年的"国外净要素收入"超过了3 000亿美元。美国人跟全世界打交道都没有吃亏，只不过其国内收入分配出了大问题。特朗普如此精明，笃定对此了如指掌，不过他无力解决社会分配问题，故而满世界推卸责任。

第四，美国实业发展并没有衰败。放眼全球，高端产业、核心产品或零部件主要还是掌握在欧美国家和日本手里，其中美国居于首位。须知，产业份额是动态的，其数值大小及变化与全球产业链的"链位（chain position）"高低直接相关，全球产业链"链位"高的国家处于优势地位，主要表现在其操控产业份额的自由度更大。

第五，美国产业资本转移到所谓新兴国家并不是做慈善，而是套取高额利润。新兴国家纷纷加入竞争，"甘愿"做低端产业和"非清洁生产"，甚至具有进口垃圾的"显示性偏好"。产业全球布局是一种卖方市场，供求关系决定了发展中国家更在意为发达国家打苦工的机会。

第六，即便欧美国家和日本的资本无法回流到母国，但一组新兴国家完全可以替代中国。有人说中国制造业大国的地位无法被取代，这种判断过于乐观。在产业全球化布局的时代，"某国制造"已经是一个过时的概念。只有编制了详尽的投入产出表，才能知道，哪个国家是制造业大国和制造业强国。中国的投入产出表相对粗糙，还不足以计算出真实的制造业份额水平及其趋势。只有分类详尽，投入产出核算才真正具有现实意义，特别是在准确预判产业风险方面——高"链位"国家可能给低"链位"国家造成"断链效应"。

理论上GDP是各产业部门增加值之和，似乎越大越好。但在全球产业链格局下的现实操作下，往往极难将他国贡献的中间份额剔除干净，于是GDP数值偏离增加值的概念内涵。GDP数值增大，对新兴国家而言，或许表明低端就业的机会增多，但绝不适用于测度和比较国力。强国当以富民为宗旨，千万莫忘了迪顿教授的那句话，"我们不能消费非我所属的产品"。

六、摸着石头过河

迪顿教授关于GDP的讲述，仅仅从测度方法本身看并没有更多的新意，也没有给出真正的解决办法。这并不是一流经济学家无能，用笔者的话概括而言，这是人类共同面临的经济测度难题。讲演中迪顿教授坦言："我不知道如何做得更好"，这种坦荡的襟怀令人尊敬。反倒是那些轻视经济统计，用了些许数据就贸然给出所谓实证结论的做法，显得缺乏学术底蕴，天花乱坠，信誓旦旦，值得高度警惕。

从职业特点看，经济统计就是这么一份令人尴尬的工作——明知不可为而为之。经济统计工作者必须去"测度不可测度的事项（measuring the unmeasurable）"，这是一项创新的工作，也是经济统计的意义所在。

笔者认为，经济统计学研究的增加值恰恰在于，在若干不同的测度、核算方法中，比较选择或改得出更可行的操作。没有最优的选项，只有相对而言比较好的选项。研究的意义还在于：哪怕只指出了隐含难题所在，指明了"此路不通"，也是一种学术贡献。迪顿教授此番讲演就起到了"吹哨人"的作用，或者说，"麦田里的守望者"的作用。

更须明确的是经济统计学的宗旨。这些方法论的探索，要尽可能使用现代数学工具，但不仅仅是数学工具自身，计量工具服务于、而非取代研究对象，不能本末倒置。方法论研究始终是为了社会经济事务的计量分析，相对能给出更靠近真实值的测度结论，以便各层级决策者做出更为理性的判断和选择。

刊发于《中国统计》2020 年第 5 期

不过四种指标方法，何去何从？

一、格局：四种指标方法

如今都愿意搞经济计量，因为业界流行一种看法："无计量不学术"。经济计量当然必要，不过还需要注意：它离不开经济统计指标作为投入或基础。如果经济计量确实躲不过"指标构造"和"指标解释"，那么就需要把握其格局：社会经济领域都有哪些指标方法可用呢？

1992年，笔者在做博士论文时斗胆做了个概括：经济指标无非实物指标（physical indicator）、价值指标（monetary aggregate，按字面直译为"按货币计价的总量"）和合成指标（composite indicator）三大类，再加上采用多个指标评价事物的指标体系，就是四种指标方法。

这就是经济计量所面临的指标方法格局，格局把握对任何事业都非常重要，本文分别剖析此四种指标方法。

二、指标体系很全面，可惜数据结果不单一

由斯蒂格利茨等名家带头，在近年来的经济测度文献中，指标体系都被称为"仪表盘（dashboard）"，这个称呼既形象也容易理解，故而流行全球。指标体系（仪表盘）的好处在于：更可能达成经济和社会测度的全面性；而且，对哪些指标应该进入体系，人们具有较大的裁量权，至少具

有参与商讨和批评的权利。不过该方法也有劣势：达成全面性不仅测度投入增大，也需要付出测度"产出"上的代价——无法得到"单一数值（singular number）"的数据结果。一般来说，测度时考虑的维度越多，其数据结果的内在非单一性就越明显，这需要格外关注。

信息加工要为决策服务，指向单一性对统计指标而言是个非常基本的要求。人们在决策的很多场合，最终往往需要具备单一性的信息。比如女孩约谈对象，假设简化压缩到两个指标，往往是强弱与弱强组合的比较：聪明的穷小子和傻傻的富二代，如何选定一个？现实世界的选择大多如此，因为在两个选择之间，如果选择 A 在各分项上都大于等于选择 B（即"强强组合"与"弱弱组合"比较），而非前面所说的交叉关系，决策就无须踌躇。就连美国前总统杜鲁门也曾抱怨：他需要的是"一只手的经济学家"。是啊，顾问不应该跟老板说："on one hand …… and on the other hand ……"若是用指标来表明决策依据，那最后应该得到"单一数值"。理论家总愿意说得滴水不漏，两头堵；可实践中决策者最终拍板只能定一个方案，实质上归于"是否问题（to be or not to be）"。

测度对象多元，指标要客观反映就需要多维设置，但指标就应该标示指向，从数值结果看，非单一性即指标多元功能一定程度上的丧失。测度的全面性和结果的单一性总是存在矛盾，这恰恰是经济统计的基本困局所在。四种指标方法的谱系大致是：指标体系在矛盾的一端，有全面性而无单一性；实物指标在矛盾的另一端，具备单一性却无全面性；而价值指标和合成指标则处于二者之间。

三、实物指标接地气，合在一起评价才全面

所谓"实物指标"即"物量（volume）"，这类指标表现真实世界最直接，其数据结果也就具备单一性，或者说各种实物指标之间存在异质性，五花八门。从宏观经济测度的要求来看，实物指标方法通常不大具备可加性，单个实物指标的结果不可能达成全面性，故而往往用作计算总量

指标的基础。

较起真来看，"实物"这个说法有些过时，因为该项指标还包含了许多服务项目，并非都是"有形产品"，应该叫作"实项指标"才比较贴切。像 price 由"物价"改称"价格"，volume 由"物量"改称"项量"，都是出于这种考虑。沿用老叫法倒也可以，不过产品构成（实物与服务）比重已然发生了主次变化，我们内心对此应该有数，观点不应该仍停留在只注重"眼见为实"的阶段。

宏观经济测度不过这四种指标方法，就这四个选项，就这么个格局。由于单个实物指标通常不具备"全面性"，采用多个指标构建评价体系又失去了数据结果的"单一性"，如何在"全面性"和"结果单一性"这两种性质之间平衡呢？这就得采用剩下的两个指标方法——价值指标或合成指标。绝对的全面性其实无法达成，实践中只能尽可能靠近这个测度目标。通过对各指标构成的综合处理，可以得到具备综合性的、且为单一数值的指标结果。

四、价值指标，从"世纪发明"到逐步失灵

价值指标中的核心指标是 GDP，20 世纪 90 年代之前则是其近亲 GNP。由于价值指标原来主要在发达国家使用，测度对象也集中在经济福利上，也就是市场交易所体现的经济成果，所以价值指标表现出明显的优越性：既可以得到对经济发展的整体评价，又是一个单一数值指标。正因为如此，美国一批经济学牛人将 GDP（GNP）视为"20 世纪人类最伟大的发明之一"。

能够被称为世界发明，就绝不是多个实物指标加总这么简单，究竟如何得出具备综合性的宏观指标，需要经济统计学系统地总结出价值指标的计算机理。笔者在《价值指标何以可加》一文中对之做了较为深入和系统的剖析。以下要点需要注意：在价值指标计算中，价格一身二任，既作为"同度量因素"，也作为权数。采用价格工具以"一价定律"为前提，以

"显示性偏好"作为规范性设定。解决"可加性"问题的代价是，更加倚重价格统计，同时由于价格本质上是一个依附性概念，"同一经济产品"的确定也更为重要。

经济学发展面临的基本矛盾，就是研究对象的不断拓展，而计量精度却为了变成硬科学而不断提升。研究所包含的内容越多，其中难以计量甚至不可计量的成分也就越多，这与精确的形式化要求恰恰相悖。在这个扭曲背景下，价值指标就被绑架了：不管对象是否可测度，非得算出个数量结果来。不管价格如何形成，都要假设市场充分实现了自由竞争；就算没有交易、没有市场价格的情形，也得变着法子估出个价值量来。

"收入当量法（Income equivalent method）"就是经济统计学者为完成社会使命而创造出来的，涉及"政府产出"等项目往往需要采用这种方法。绿色GDP曾经非常流行，它不过是收入当量法的一种应用。让GDP变绿，无非将其数值再加减资源和环境的正负影响值。加减很容易，关键在于影响值的定价，资源和环境因素究竟如何定价才是合理的？没有人能给出无可辩驳的理由，这意味着资源环境因素的测度规范化设定难以达成，即不可测度。

由于垄断企业的存在（即自由竞争市场不存在），由于国家间的非市场性竞争，由于政府内生于市场，由于经济因素与社会因素不可分割，价格并不像日常交易市场表现得那样"纯粹"。价格对于真实供求关系的反映可能会有相当大的偏离，价格作为不同物量的权数不仅可能偏误，而且人们很难确定这种偏误的程度。价值指标计算的前提是对市场发达程度和范围的假设，所谓市场失灵对经济统计意味着什么？无非就是价值指标的失灵。

遗憾的是，这些警示内容在通常的中外经济统计学教材之中很少被提及，即便是OECD出版的《理解国民账户》，该书被推崇为近年来比较优秀的经济统计学教材，主体内容还是"指标怎么算（how question）"，对"指标为什么这么算（why question）"剖析得也还不到位。

五、合成指标能有效替代价值指标吗？

合成指标的综合路径与价值指标恰恰相反，不是尽力寻找比价格更合适的"同度量因素"，而是把所有"构成指标（component indicator）"的量纲统统剔除，从而使得其可以加总，得出用单一数值表现的总量指标。这种处理从数学角度看天经地义，无量纲的数值完全可以加总处理，但从社会经济角度深究，还存在三大基本缺陷。

2012年在《多指标综合评价：方法论反思》中，笔者以"人类发展指数（Human Development Indicator，HDI）"为例，指出合成指标无非一个"当量转换"过程，然而在不同构成指标"约当量"的设定上，其社会经济意义如何往往被忽略，谁也说不清楚，为什么一定量的GNI增长率与一定量的人均期望寿命是等价的。将三个指标的相对值相加，人们只是用"数学可加性"代替了"经济可加性"，其实，社会经济意义的可加性能否做出一般性的规定，还是个值得探讨的问题。

除了这个核心缺陷外，合成指标所用的构成指标还存在着信息重叠的风险。各构成指标都应该与被评价事物密切相关，这样才可能被选为构成指标，但合成处理又要求各构成指标彼此独立，不存在相关关系。都与被评价事物相关但彼此独立，这种结构关系在经济现实中并不常见，而经济现实中，各构成指标往往存在一定程度的相关关系，比如人均GNI增长率与人均期望寿命就彼此相关。从方法根基上看，信息重叠不可完全避免，构造合成指标时所能做的只是尽量减少之。

SSF经济测度报告指出了合成指标的又一个基本缺陷，即不同结构的事物，只要其平均数相同，或者构成指标的数值可以彼此抵销，就能够等到相同的合成数值，即合成指标可能无法表现事物的结构变化和差异，这涉及合成指标的"遍历性"问题。

合成指标无论在国外国内都很流行，像好多人乐意编制的幸福指数，像不丹所倡导的"国民幸福总值（Gross National Happiness，GNH）"，还有各种大学排名等，都属于合成指标，据说全球大概有 4 000 多种各式各样的合成指标。

问题在于，无论是这些合成指标的编制者，还是其指标数据的使用者，绝大多数都没有意识到上述三大缺陷，甚至有的学者还认定，其所创新的合成指标优越于价值指标，从而宏观经济测度完全可以"超越GDP"。上述三大缺陷都属于基础性问题，基础性即意味着颠覆性，即使不能断言"此路不通"，起码合成指标的法理性尚待深入探讨。

六、两份经济测度报告和三个提示

由于对隐含的指标陷阱熟视无睹，人们通常以为经济统计很简单。其实国外经济统计的方法论研究一直在进行，从威廉·配第的"政治算术"、德国的"国势学"至今，已经有 360 多年学说发展历史。近年来国外发布过两个经济测度报告，第一份报告是在 2009 年，由 J. E. Stiglitz、A. Sen 和 J. P. Fitoussi 三位主持，笔者称之为"SSF 经济测度报告"。2018 年科学出版社出版了笔者的《经济测度逻辑挖掘：困难与原则》，并对之作了较为系统的评论。第二份报告于 2018 年由 OECD 发表，J. E. Stiglitz、J.P. Fitoussi 和 M. Durand 主持，笔者将其称为"SFD 经济测度报告"。2021 年科学出版社出版了笔者的《基石还是累卵——经济统计学之于实证研究》，这本书主要针对第二份经济测度报告的内容，并从更一般的意义上阐述经济测度问题。

这两本书的评论列入了笔者的"当代经济统计学批判系列"，做这个系列的目的，概括而言就是"三个提示"：

第一，提示经济统计专业学者，我们教给学生的内容还有好多欠缺，还存在好多需要深入和升华的课题。经济统计学停留在初级不行，还应该向高级发展，需要做一般化的工作。

第二，提示数理统计专业学者，经济统计同样存在需要研究的理论和方法论问题，光是套用数理统计方法远远不够，无法真正解决社会经济领域的现实问题。如果各种经济统计学难题都可以用数理统计公式解决，那时再取消经济统计学不迟。

第三，提示喜欢做社会经济实证研究的经济学学者，诸位所依靠的数据基础未必像所想象的那么牢固，需要当心所用数据中隐含的测度陷阱。尽管学科发展专业化，也不能把数据问题全都外包出去，学科分工只是工作重心不同，但对数据基础缺乏基本认知，实质是经济学外行的表现，也难以真正完成经济学的历史使命。

经济统计学源自国势学和政治算术，中国当今国势究竟如何，面临的大国竞争格局究竟如何，对发展战略的制定、实施和调整都非常重要。笔者提出，GDP 并不适于衡量新兴国家经济实力，总拿这个指标说事儿，对新兴国家的发展非常有害。

七、人类公共面临的测度难题

现在经济测度的主流是要将对象从经济福利拓展到社会福利，甚至未来福利（可持续发展）。而所凭借的工具不外乎上述四种指标方法，在"SSF 经济测度报告"和"SFD 经济测度报告"中所讨论的，大都是如何借用四种指标方法实现对 GDP 的超越。

笔者以为，这种探讨深度还不够，系统一致性也尚未达成，笔者的批判恰恰就是逻辑挖掘，将其中隐含的链接关系梳理出来。如果更深入和系统地分析，就会发现，采用这四种指标方法来实现福利测度的拓展，都存在不小的问题。有人说，光是挑毛病不成，你得给出替代方法，这有一种"不立不许破"的味道。

坦白地说，这是人类共同面临的经济测度难题，跨越几个世纪了。指标方法创新并没那么简单，否则业界前辈早就做得了，哪里还会等我们来指点江山？对于存在的这些潜在问题，前辈也未必心里没数，恐怕只是没有点明而已。说穿了，所有指标方法都是带病运行的，指标方法的改善与革新并无止境。作为专业学问的后来者，不能把已有规则当作宗教信条全盘接受下来。

批判性的思考在任何专业都不可或缺，而起点正是"提问"。金克木在《如何解说文化》开篇时说过，"一切思考起于提问。思考即问答"。如果连毛病藏在哪里都不知道，方法创新的动力又从何而来，又怎么确定研究的方向呢？

在诺贝尔经济学奖颁奖典礼的演讲中，哈耶克以"知识的僭妄"为题，历数经济数量分析存在的缺陷。本文分析经济统计四类指标方法的缺陷，为哈耶克背书，权当一个注脚。笔者以为，哈耶克的这篇讲演特别重要，经济学专业教育应该引以为鉴。不能只学公式，不能直奔算法，人在计算上不会比机器更聪明，不管多努力都没戏。单单偏重数理的培养模式会误事儿，如果毕业后打算从事经济计量分析，经济学专业的学生需要补课，数理统计专业的学生更需要补课。经济学原本是"事理科学"，光靠"数理科学"的知识，肯定不够用。

刊发于《中国统计》2020年第10期

配第"政治算术"的当代意义

看了文题,可能有人会为经济统计学悲哀,怎么就在故纸堆里讨生活,居然混到了这个份儿上?威廉·配第不是17世纪的故人吗,现在已经21世纪啦!就不能追踪学科前沿吗?

是的,威廉·配第先生的《政治算术》撰写于17世纪60年代,近400年过去了,然而,其所蕴含的经济学原理却"共三光而永光",而当今经济学的种种弊端,恰恰是对学科开创者批判精神的背弃。你仰望或不仰望,星空自在那里。

说回到经济统计学,就民众利益对国家的危害而言,忽视政治算术的后果很严重,这往往在于高质量公共产品的缺失、社会基础结构的脆弱,难以短期弥补。笔者强调于此,不过基于专业人士的一份执着。只因数典忘祖,方有老生常谈。

轻视乃至否定经济统计学的人往往愿意挟洋自重,似乎欧美只有数理统计,笔者这里指出被刻意掩盖或无意忽略的另一面:正是在当今国际经济学界,政治算术并非陈腐概念。有道是"经典永流传",借用在这里也恰如其分,政治算术仍是一个重要专业术语,21世纪以来欧美学界还一直沿用。

比如,诺贝尔经济学奖得主福格尔(R. W. Fogel)教授等人2013年撰写了《政治算术——西蒙·库兹涅茨及其经济学的实证传统》,众所周知,库兹涅茨先生是国民收入统计的集大成者,并因此而获得诺贝尔经济学奖,福格尔教授则是他的优秀弟子。

　　当然这并不是孤例，2019年荷兰阿姆斯特丹大学的丹尼尔·缪格（Daniel Mügge）教授撰写了《政治算术的复仇——经济统计与政治目的》，2009年麦考密克（T. McCormick）撰写了《威廉·配第与政治算术的雄心》一书，1995年，戴蒙德（R. Dimand）先生撰写了亚当·斯密与"数量政治经济学"关系的论文，直接涉及政治算术。

　　至于经济学论文中涉及政治算术的则更多，本文仅举一例，牛津大学的苏祖基（Tomo Suzuki）先生2003年撰写《宏观经济现实的认识论——从核算视角看凯恩斯革命》，其中"将统计革命与宏观经济革命关联"这一节，就是从《政治算术》开始阐述的。

　　跨了几个世纪，为什么还屡被提及？还在研究"算术"啊？相当于如今小学一年级的计算水平，现代经济学就这么不堪吗？做这方面的判断，光盯着计算难度不成，加上"政治"这个限定，学问就复杂多了——复杂的维度变了，重心并不在于如何计算，而在于可不可计算？为什么那么计算？加上"政治"这个限定，意在强调此种算术的社会属性。政治都是人搞出来的，只要有了人的因素，就没那么客观了，麻烦就大了，大到相当"不确定"甚至无法确定的程度。

　　对于这种测度疑难问题，聪明的经济学学者往往选择规避，这恐怕是此类探讨未入主流经济学的隐含缘由，并非它无关大局。要指明政治算术的当代意义，我觉得以下几点是需要注意的。

第一，政治算术不仅是算术，更是政治。

　　说起来，《政治算术》在当代还是"高被引"文献，人们在强调定量分析时，往往愿意提及配第先生那段著名的论述："和只使用比较级或最高级的词语以及单纯的思维论证相反，我却采用了这样的方法（作为我很久以来就想建立的政治算术的一个范例），即用数字、重量和尺度的词汇来表达我自己想说的问题，只进行能诉诸人们的感官的论证和考察在性质上有可见的根据的原因。"

　　问题在于，这段话不能孤立地去理解和引用，而应该将其放到整个文本中去认识。抓住一点，不及其余，并非科学的态度。配第先生的创新与"单纯的思维论证"相反，并不意味着他主张"单纯的数量论证"，二者并不是非此即彼的关系。配第先生用《政治算术》改革国势学，做的是加法，而不是取代或替换。仔细看看配第《政治算术》的内容，其实是以各种国势学文献为基础的。

配第先生所反对的，只是美丽词句、冗长说教或一派胡言，请注意他在本书中也同时强调了非数学知识的必要性："不但教公子（指奥格尔（Lord Ogle）爵士的儿子，笔者按原书加注）一些数学上的知识，而且教各种各样的事物、材料以及现象，使他把数学运用到这些东西上面，因为线和数学离开了事物、材料和现象，就如同琵琶没有弦或者没有弹者一样。"这里，政治与算术的主从关系，十分明确。

第二，政治算术不只计算"自然数量"，更主要计算"社会数量"，唯独不计算"抽象数量"。

从《政治算术》的主要内容看，全书分为十章，第一章内容最多，涉及对领土、人口、区位、产业和政策等国势重要因素的阐述；第二章是捐税与王国财富；第三章对法英荷三国的海洋力量进行了比较；第四章对英法的人口和领土进行了比较；第五章分析英国崛起障碍的可消除性；第六章分析了英国权力和财富的增长趋势；第七章是英国的税源分析；第八章讨论了英国的就业机会；第九章涉及英国的产业资金；第十章涉及英国的贸易资金。

可见，"配第算术"的内容相当"讲政治"，源于国势学，高于国势学。配第先生的长子谢尔本男爵解释他父亲为什么用《政治算术》作为书名："因为，凡关于统治的事项，以及同君主的荣耀、人民的幸福和繁盛有极大关系的事项，都可以用算术的一般法则加以论证。"这里，"政治"关乎目的和内容，"算术"关乎手段和方法，定位很准确。

配第先生的政治算术特别注重"实物可见性（have visible foundation in nature）"，但这并不意味着政治算术仅仅关注国势的"自然数量"。该书译者陈冬野先生指出:"他对人口的估计,都是从它的社会数量出发的。""一个国家人口的价值,不在于这个国家所有的人口的自然数量(即人口的单纯数目),而在于它的社会数量(即创造财富的能量)。""对于土地,他也抱有相同的看法。他认为,一个国家土地的价值,不仅取决于土地的面积(即自然数量),而取决于土地所能提供的产物数量(即社会数量)。"

就当时的生产而言,人口和土地是两个主要的投入要素,对之的算术为什么标示出"政治"这个限定?因为国势分析更关注其"社会数量",而不是单纯的自然数量,换言之,更关注数量后面隐含着的质量因素或效用因素。从经济统计学的专业角度看,这两种数量概念的区分具有非常重要的意义。首先,"社会数量"表现了从实物指标到价值指标的转变,体现了从微观测度到宏观测度的提升,从个体指标到总量指标和结构指标的加总处理过程。其次,"社会数量"体现了"权数"的理念。由此可知,权数确定是经济测度中最为基本的操作,它涉及"经济可加性"是否成立,也往往是不同方法论发展和各种争议的重要源头。

第三,注重"配第切割"理念。

由于社会因素不同于牛顿物理因素的"有机复杂性",政治算术可能面对根本无法测度的现象和现象因素。然而,人们在引用配第名言时往往只看其前半部分,接下来的话却被弃之不顾。

配第先生指出:"至于那些以某些人的容易变动的思想、意见、胃口和情绪为依据的原因,则留待别人去研究。这里我敢明白地说,老实说,以这些因素(容易变动的思想等)为依据(即使这些因素可以叫作依据)的原因是不可能谈得透彻的。"

显然,配第先生在这里画了一道明确的界线,"至于"之前说了"只进行"三个字,可见配第先生在开创政治算术时,头脑相当清醒,研究的对象是"世界上混乱而错综的情况"(谢尔本男爵语,不过他在给政治算术释义和定位时,用了"都可以"三个字,说明他没有意识到他父亲所强调方法的局限），只能有所为有所不为，切割是负责任的科学态度；而且，配第先生该段文字最后这句话又推进了一步，实质上指出了事物的"不可测度性"，并不是什么事物都可以做政治算术的。

基于这种理解，笔者 2014 年特意提出了"配第切割（Petty dissection）"的理念，所针对的就是那种"测度一切"的无知无畏态度——现在国外国内不少人"手里拎了个锤子，看什么都是钉子"。在社会经济领域，把 GDP 捧得至高无上，或贬得一无是处，动不动就要创建一个合成指标，"幸福指数"编得五花八门，压根儿不了解经济测度的真正困难所在，正如哈耶克所批判的那样——纯属"知识的僭妄"。而今，我们谋划经济测度、核算与比较的方法论改进，"配第切割"理念应该入脑入心，人类是在现实空间而非抽象空间搞经济统计，对领域认知、对专业约束要有敬畏之心，绝不能为所欲为。

第四，政治算术是有社会和国家立场的。

如今经济统计学已经超越"政府统计阶段"，进入"全球统计阶段"，这样就更加强调其"比较"的本质属性。要比较必须可比，国际统一标准就愈加重要。

不过，国际标准却有着负面作用：削弱政治算术的国家立场。这需要各国经济统计工作者心中有数，不能误以为这世界上唯有普世价值，国家概念可以完全抛弃了。比如，社会分工可以提高效率，是财富增长的源泉，这似乎天经地义。然而细思极恐：经济现实中"水平式分工"极少，多数是"阶梯式分工"，甚至是"垂直式分工"，客观上分工效率相当部分基于盘剥下游，很容易导致社会底层固化，并非普世同惠。试想，发展中国家专门负责接受发达国家的垃圾，这种分工究竟提高了谁的效率？

配第先生认为，"作为国家社会的一个成员，我认为次于对公共事业处于怎样的状况有真实的了解的事情，就是在任何情况下，都应往其最好的方面设想。"认真阅读配第先生的政治算术，可以看出他言行一致。他把对国势的数量分析献给英国国王，扩展来说，潜心服务于英国崛起，服务于英国与法国、荷兰的大国竞争。就社会立场来看，配第先生直言，因为黑奴劳动量大、消费水平极低，贩运到美洲殖民地并不是不足取的。显然，这种成本效益分析是基于英国统治者立场的。当时政府统计还没有出现，尽管是个人主动从事英国国势及大国竞争格局的数量分析，配第先生却认定，这些公共产品应该由政府部门专门负责生产。

政治算术在其产生开始就一直带有大国宏观管理的基因，而考察国际经济统计发展的历史，世界标准往往以大国政府统计的经验为蓝本，这在发展中国家接受和实施标准时不可忽视。

例如，发达国家在崛起时往往以帝国掠夺为第一桶金，到了现代又可以利用"国势位差"和市场机制转嫁其垃圾和非清洁生产，占据世界铸币国地位的美国更为特殊，还可以向全世界转嫁其国内的金融危机。这种外部条件新兴国家不仅无法取得，还往往是强国负外部性输出的主要承接国。一正一反，国家间外部性影响不容小觑。

由此，对新兴国家而言，GDP并不是衡量和比较国力的合宜指标，GDP排名给出的往往是一个虚幻的对比，英国学者约翰·史密斯（John Smith）先生称之为"GDP幻觉"。国际经济统计标准偏重统一性，忽略了不同层级国家间的国势差异，如果发展中国家完全照搬现成标准搞统计，就容易在竞争格局的认知上偏误。

再例如，发达国家往往将其产出和消费中的高质量因素视为理所应当，这样在做成本效益国际比较时就容易偏颇：相对低估其效益，而高估其成本（价格）。从方法论机理看，ICP在总体上存在"捧贫掩富"的偏误，发展中国家在使用PPP数据时应该警觉。

这是各国统计部门所面临的一个悖境，究竟是按照可比性要求严格服从国际统一标准，还是按照尽可能客观反映经济现实的原则而偏重于本国特殊国情？这两方面都是经济统计的基本要求，但二者在测度实践中往往会发生矛盾，如何权衡，是一个持续性难题。

第五，把握《政治算术》开创的历史背景便于解读当今宏观测度
困局的缘由。

配第先生在开创《政治算术》时，西欧发达国家的产业资本处于上升
期，实物生产测度的相关性最高，可以满足当时宏观管理的需求。循此脉
络，基于政治算术而发展的经济统计学，进化到20世纪40年代，形成了
以SNA为核心的现代体系。尽管内容几经拓展，基于"实物可见性"的
测度、核算与比较仍然占据着主导地位。

而今发达国家的经济场景大变，现代服务业占比为主，非核心部件的
低层级实物生产外移，消费层级提升。对富国而言，直接相关性的测度重
心大为不同，宏观上从经济产出转向社会福利，生产测度重心则从实物转
向金融和高端服务。"超越GDP"集中体现了这种测度改革诉求，但需要
注意，这种变革并非只针对一个核心指标，超越GDP实质上是要"超越
SNA"。

值得注意的是，新的测度对象或重心很难驾驭，这正是当年"配第切
割"所刻意避开的，即难以测度、核算和比较的社会事项。尽管现代数学
工具十分发达，但对经济测度而言，并没有针对性地开发出相应的适用工
具。反观作为经济统计理论基础的经济科学，倒是为了数学工具的适用，
将政治经济学退守或局限为经济学，即将经济事务中不适于定量分析的社
会关系和政治内容剔除，以满足数学工具所要求的纯性。

政治与经济原本不可分割，那么多聪明绝顶的数学头脑加入经济科学
的研究，居然在政治因素及关系的计量上选择回避。这种削足适履搞实证
的做法，与配第先生倡导的国势和国际竞争格局数量分析相去甚远，甚或
背道而驰。

英国剑桥大学的琼·罗宾逊教授坚持，经济学本质上应该是一门历史
科学，曲高和寡，她是在经济学界被认为应该而未获得诺贝尔奖的少数大
师级学者之一，仅此一例足见，经济理论并没有给经济统计学准备好其本
应该具有的改革支撑作用。

　　"现代政治算术" 远未成熟, 对新兴国家而言, 在遵守国际经济统计标准的同时, 还应该进行方法论挖掘, 除了历史遗留的测度难题, 还得探讨如何测度新经济等社会现象, 特别是为什么(可以或不可以)那么测度。其中, 本国测度经验的总结相当重要, 国势学或政治算术意味着从个别到一般的测度方法提升过程。

　　在挖掘方法论时需要秉持学科前辈的求实精神, 经济学理论的指导作用不可忽略。当然, 我们需要的是接地气的政治经济学, 对新兴国家来说, 尤其是历史上崛起大国的经济学, 比如配第先生的政治算术, 还有德国历史学派对英法经济学的批判, 更值得认真借鉴。

　　笔者以为, 以上择要给出了配第先生《政治算术》的当代意义。

刊发于《经济学家茶座》2021 年第 3 期

哪止一碗面

——外部性究竟怎么测度？

已经形成条件反射，一看到雪，我就想起1977年冬天在辽宁参加高考。那天太阳很大，照在盖着薄雪的稻田上，虽有些耀眼，却让人心情大好，好像是向我昭示着什么。天儿没那么冷，我从知青点走到四方台中学——我们的考场设在那儿，走了二十多分钟，步子轻快，我暗自约摸，应该能考个好成绩吧。

其实，真正让我心里喜滋滋的，是早上刚刚下肚的那碗热汤面。

我下乡的地方在抚顺和沈阳之间，浑河流域的产稻区，人多地少，一到冬天知青们就都放假了。头天晚上睡在知青点的凉炕上，当了一宿的"团长"。正像东北嗑儿调侃我们这些愣头青："傻小子睡凉炕，全凭火力壮。"早上我被大队王会计招呼醒，他敲窗子道："快到点了，到家去喝碗面，嫂子都给你做好了。"我们都叫他兴全大哥，他家在离知青点不远的河边，平日里就挺关照我们的。本来我自己备了些干粮，就想着对付个不饿，哪曾想还有热汤面等着，兴冲冲赶过去，里面还卧了鸡蛋！这可是1977年的东北啊！城里一整年才定量供应一两斤鸡蛋呢。从冰窖到暖炕，热汤鸡蛋面一喝，身子里外都缓过来了，感激之情，油然而生。

我的高考成绩的确不错，好像是全县文科考生的榜眼。过后我总在想，到底是我学习的底子好，还是这碗热汤面给力——在关键时刻把我推送到一个极好的状态，或者这两方面都有？我们总说内因外因的，如果大字不识，哪怕住五星级宾馆、吃鲍鱼海参，也考不出好成绩来；可如果换作另一头，比如头天晚上被冻病了爬不起来，哪怕满腹经纶，失去进考场的机会，谁能证明你应该上大学呢？恐怕哪一头都缺不了。人尽力，天帮忙。送我热汤面的兴全大哥大嫂就是天使吧？

人生一路走过来，不觉已经六十有三。当然遇到了些伪善之人，可像兴全大哥家这样的热汤面也没少喝啊。我从内心里感谢命运的眷顾，但我的感恩方式不大直接，就是努力做行善之人，用我的专业能力做公共品，做那些对个人或许用处不大，但对社会、对将来有正外部性的基础性研究。我的感恩不是特指的，只能努力做得好一些，让那些帮过我的人感觉到：帮他值得，仅此而已。

如果说我对社会还有些贡献，有多少是由当年那碗热汤面激发的呢？这个问号，牵扯出了社会经济统计的一个重大课题——"外部性"究竟如何测度？

其实，人们在实证研究中常常会碰到这类问题，经济学界对"外部性"这个概念有过论述，但多数人并没有把它当成一个经济测度议题，对于"究竟如何测度外部性"的专门思考还远远不够。这也表明，我们严重缺乏经济统计的问题意识。

很遗憾，本文只是从经济测度角度对外部性问题加以强调，笔者也没有现成的答案。不过在进一步探索中，以下几点值得注意。

第一，事物的边界与混沌事物的切割。

测度"外部性"的基本前提是事物边界的划分，以什么为标志区分"外部"和"内部"。萨缪尔森和诺德豪斯两位大教授的《经济学》出了好多版，在他们的第17版第30章"开放经济的宏观经济学"中，提示词是美国诗人罗伯特·弗洛斯特先生的一段话："砌一堵墙之前，我该问问清楚，围在墙里面的和留在墙外边的都是些什么……"形象地刻画了分界的重要。

当然，这里的"墙"只是个隐喻，切不能误解，以为边界一定具备物质实在性。比如社会经济事物是"复杂有机现象"，与牛顿物理学研究的

"无机现象"大有区别，往往边界模糊。还是马克思对社会的理解更深刻，商品不是物，而是社会关系。不过，这种深刻认知本身就带来了负外部性，所圈定的对象更难测度，被人为切割排除在圈外的因素如影随形，悄然作用于圈里并没有真正独立的对象，形成了经济统计陷阱。

第二，分解的相对性造成结构分析的困难。

当对象总体确定后，内部的结构就将成为研究的重心。这时，统计分组起到非常重要的基础作用。好多人瞧不起统计分组，其实这是最难的，因为社会经济统计面临的往往是模糊不确定性问题。因为事物本身是混沌的，边界不容易搞清楚，确定外部边界比较困难，确定内部结构就更为困难。统计分组，用数学的语言来看，其实就是定义域的确定。到了大数据时代，在面临海量数据时，社会经济统计角度的数据分组是非常重要的一个前置环节。说起来，经济统计两大基本工具，分组和指标，都是看上去非常容易，操作起来又非常艰难。用户感受不到数据加工的复杂，其实，这些基础性工作，公共产品的生产，"社会基础结构（social infra-structure）"的建设，本身的正外部性就非常强。

第三，成本效益分析是分析"外部性"的一个基本工具，但至今仍然非常基本。

无论是成本还是效益，都有一个长期与短期的时间范围的划定，从空间角度看，则有项目波及范围究竟定在哪里的问题。成本效益分析的对象确定之后、范围界限划分之后，才能面对外部性的测度问题。

成本和效益，这对基本概念也应对着外部性的基本分类：正外部性和负外部性。人和事物彼此关联，种种博弈行为往往希望获得更多的正外部性，避免更多的负外部性。比如，"抱团取暖"就是正外部性的内化，减少效益的流失。而"邻避主义（not in my backyard，NIMBY）"就是一种对负外部性的抵抗。政府修建垃圾处理厂，当然值得支持，但是别在我家附近修建就好，如此等等。隐性效益和隐性成本、隐性正外部性和隐性负外部性,不确定性更强,可见测度对象之深奥,测度困难之艰巨。

望着窗外飘着的雪,我敲下以上文字,不是要给什么现成答案,而是提醒大家:这里还有一个重大的经济测度难题,等着我们去思考、去改进。宏观经济统计没那么简单,仅仅照搬经济学的理论概念还无法计量,需要经济统计学相应地开发出可计算的经济指标,需要经过"实践—理论—实践"的反复深入和提升过程。此外,数理统计在社会经济现象中应用也没那么简单,光是套用数学公式不成,再时髦、再前沿的模型也不成。但愿我的"消极"、我的质疑对现代经济统计的高质量发展能有些许的正外部性。

刊发于《中国统计》2021年第2期

从"秃头悖论"说起

——模糊思维对经济测度的启示

"秃头悖论"在逻辑研究中非常著名，其实，在生活中也存在特别重要的启示意义。

假设这样一个场景，大厅里正在开会，有一位一根头发都没有的人走向讲台，人们内心里会这样看：一个秃子上去了。假设第二位头上只有一根头发，多数人会这样感慨：又来了一个秃子。而第三位满头秀发，观众就会眼睛一亮，这次总算来了个不秃的。

第二位头上可是有一根头发的，为什么人们把他也判定为秃子呢？说时迟那时快，人们眼到心到，实际上飞快地完成了一个二值判断，人或者秃，或者不秃，此人与第一位看着相同：秃子是也。哪怕是会场过道旁接近此人的听众，能看到第二位头上明晃晃飘着的那根头发，也会把他归为秃子，因为此时其内心可能"一闪念"，即刻得出一个精确的推理判断："比秃子多一根头发的仍是秃子。"谁都认可这种推理，悖论的种子却就此埋下。

很少有人深思，"秃"本身是个模糊概念，也就是说，"秃"与"不秃"的边界无法截然划分。据说人大概有10万根头发，一生中头发会掉，也会再生发。满头秀发的人肯定不是秃子，那么头顶有5万根头发的人呢？能说他们是"半头秀发"吗？头发究竟少到多少方可算为秃子呢？

更让人哭笑不得的是，按照那个精确的推理判断，"比秃子多一根头发的仍是秃子"，那么，只有一根头发的人就是秃子。在此基础上接续精确地推理，有两根头发的也是秃子，因为他也比秃子只多了一根头发。再接续则是，有三根头发的还是秃子，因为这个推理过程可以一直精确下去。然而，到了一定程度，满头秀发的人就被划归其反面，也成了秃子，因为推理很明确，且无缝隙接续：他只比（前一位）秃子多了一根头发。

这就是所谓的"秃头悖论"，结论虽然荒谬，但推理严格符合二值逻辑要求。尽管现代数学发达，计算机先进，各种计量模型林林总总，但经典的二值逻辑判断对此悖论无法给出通透的解释。

问题在于，这个"秃头悖论"并不是书生冒傻气，并不是吃饱了闲得没事儿，也并非仅仅是思想游戏。现实生活中赫赫然地存在着这种事例，需要人们认真对待和打理。而且不管你怎么聪明能干，无法躲开的别扭是：按理不该"一刀切"，但好多场合非得"切一刀"，事不由己。

最让学生们伤感的就是"挂科"，低于60分就得补考，起码一个轻松的假期就泡汤了。你说，59分和60分能有什么差别？凭什么60分就可以"万岁"？59分就得乖乖准备补考？可老师又没法儿"心太软"，如果放过59分，这个问题又能接着被拷问下去，你说58分和59分能有什么差别？凭什么59分就可以宽限为"万岁"？菩萨心肠的口子一开，那可就师恩浩荡春满校园了。最后，考个"鸭蛋"也能算作及格，那就不用学习啦。可按下葫芦浮起瓢，问题又从别的地方冒出来了：随意处理"及格"事项，对那些认真读书的孩子可是莫大的伤害，对国民素质提升也是直接的威胁。

看来，博弈规则的制定，总是连着人性，不能只持"性善论"，也得顾及"性恶说"，我们祖传的文化讲究中庸之道，自然大有其道理。而且，道理分为不同层级，如果它们之间打架，应该是"大道理管小道理"。当然道理谁大谁小，也会有不同看法。就这么着争论了多少年，学校还是把考试及格线划在了60分。至于提分等变通操作，那就另当别论了，反正标准是必需的，总归得画一道"格"——考试成绩的分界线，摆在那儿，学生能否企"及"，走着瞧吧。

那么，秃头判断之"悖"究竟出自哪里？

从根本上看，还是源自事物本身内部的多元性与边界模糊性。自然现实并非泾渭分明，社会现实就更加错综复杂，很多事物并非"二值存在"（或者"是"或者"非"），客观上存在着中间过渡状态。毋宁说，是或非，不过是元素所在区段的"极值"而已，而中间状态才是其常态。单元对事物整体而言，往往更多地处于"隶属于"与"不属于"的不同区间。

像人的头发数量，就可以分成多种状态：秃子、近乎于秃、头发较少、头发不多不少、头发较多、满头秀发等。"秃"或者"不秃"是对个人头发数量的定性判断，但头发数量在客观上存在着一个从量变到质变的过程。

对于这种中间状态比较冗长或丰富的事物，硬要用二值逻辑将其归成"秃"与"不秃"两类，毕竟不是对现实的客观判断，往往容易造成令人啼笑皆非的结论。可见，传统逻辑思维无法解释这种客观的模糊性，从而，需要引入模糊逻辑思维和判断。

在笔者看来，使用模糊逻辑判断，特别需要注意以下三点：

第一，"确是（exactly being）"与"约是（appropriately being）"可能大有区别。

在前面所说会场的例子中，第一个人的秃是"确认"为秃，一根头发都没有；而从第二个人开始，就是靠推理而得出的秃，只是"近乎"于秃，而且，每推理一次，推理结论的真实程度就有所下降。

深究而言，在客观世界里，"确是"极少，绝大多数都是"约是"。估计这个认识能被大多数人接受，但由之引发的推论就会让人大跌眼镜。在客观世界里，"等式"极少，被写成等式的模型，其实质都应该是"约等式"。

击一猛掌：那等式是假的！聊补安慰：但可能是有用的。

所有计算公式都需要写"等号"，但那不过是一种形式化的表现，并不真的就意味着"相等"，实质上大都应该是"约等号"。笔者多次呼吁，社会科学中没有等式，其实，自然科学也极少有绝对等式。极而言之，客观世界里没有绝对直线，没有绝对平面，道理都是一样的。

多少年来，我们使用等号、等式、直线、平面这些概念如此得心应手，煞有介事，仿若天然。其实不过"狸猫换太子"的把戏，在好多场合和一定前提下，我们是在用"约是"替代"确是"，或许合理，或许相对有效。

第二，用"约是"替代"确是"的"推理链"不能过长。

对传统的二值逻辑来说，只要推理规则正确，不论使用多少次，结论都可以成立，不会失误跑偏。但这个性质对模糊逻辑来说就无法成立，因为这里推理判断的精确只是形式上的。每次都是在用"约是"替代"确是"，每一次实质上都有微小的偏误，只是一种"近似推理"。不过，如果约束在很有限的范围内，这种推理偏误可以被接受。

但是不能过分，因为这种偏误会悄然地随着"推理链"的拉长而积累，到了一定程度，同样基于量变引起质变的规律，偏误失度导致认知结论走向反面，就无法被接受了。可见，"度"是个大词，笔者坚持将 measurement 译成"测度"，就是要强调这个"度"。

第三，对事物使用二值逻辑，通常只是在短程范围内比较有效。

如果分析单位比较小，则中间状态离极值两端都比较近，此时此地，无论是做"是"判断，还是做"否"判断，判断与实际状态的"离差"都不会很大，判断误差可以被接受。

但是超出了一定范围，遇到了"长程"的中间状态，再武断地做极值归划（是，或者否），离差及其累积就无法忽视了，完全可能超出逻辑链接的要求，非常容易导致荒谬的结论。换句话说，二值逻辑遵守排中律，当这个"中"比较小的时候，即使排除掉也无所谓；但如果这个"中"比较大，再视若无睹，武断地排除掉，就可能引发谬误。

刘应明院士和任平于2000年出版了《模糊性——精确的另一半》一书，这是国家重点图书"院士科普书系"中的一本，技术含量暂且不论，思想含量却是高密度的，对模糊性领域的阐述，可谓让人脑洞大开。往往大家才能做"科普"，洞见才能开脑洞，能把深奥的道理浅显地讲出来且讲明白，深入浅出，可不是一般的功力。该书的前言阐述了需要引入模糊思维的两方面原因。

一方面，"有的现象本身就是模糊的，如果硬要使之精确，自然难以符合实际。"试想，摄影的最基本要求是照片清晰，一位摄影大师告诉我，一张照片里，至少得有一个点是清晰的。而我的问题是：拍摄不清晰之物（如迷雾）的照片究竟应该如何做呢？此种照片如果还是坚持清晰的要求，会不会沦为"反事实"？有的事物有一种迷离之美，要想表现这种内在投射出来的、特定的美，恐怕还需要刻意弱化照片（绘画）的清晰程度。

另一方面，"有些现象是精确的，但是，适当地模糊化可能使问题得到简化，灵活性大为提高。"这就涉及测度的成本效益分析了，天下没有免费的午餐，追求测度精确是需要成本的，这就在许多场合产生了"度"的问题 —— 如何在成本与效益之间适当平衡？这里也就是如何把握追求测度精确的效率问题。其中每每少不了的是"权衡（tradeoff）"，比如，为了精确度提高1%，测度成本提高10%，合算与否？在不同的约束条件下，选择恐怕不同。

具体的情况具体分析，这是人的一种能力，是一种不可或缺的人生智慧。有的人指责凯恩斯先生经常改变自己的政策主张，可他理直气壮地回应："现实变了，难道我不应该相应地改变吗？从长期看，我们都死了。"要这么看，心思还得收回来，得落在"实地"上，"脚踏"意味着"心系"。

人脑的思维特点，具备模糊推理和模糊决策的能力，既适用于模糊现象和环境，也便于人们相机抉择，故而在现实生活中特别奏效。其中一个证明就是语言，日常生活的语言不遵循排中律，就体现了模糊思维的性质。一个对象不只是有一个而是有多个否定答案，所以聪明的人通常不做"非此即彼"的判断。

按照"理性人假设"，消费者购买同样商品，总是选择价格最低的，或者面对同样价格，总是选择性能最好的，也就是追求"最优解"。但在市场交易中，实际情形并非如此。其一，消费者无法掌握市场该商品价格的全部信息；其二，即使能够掌握所需信息也需要付出额外成本，其三，甚至什么是"相同商品"，甄别起来也颇费周折。

作为"社会人"，而非抽象空间里的"理性人"，消费者通常是见好就收，差不多就得了，这位"差不多先生（Mr. Almost）"，不是"排中"，而是"取中"。国人常常误以为，只有东方人才这么"马马虎虎"，岂不知，即使在西方，也存在这种不求最精确，却关注实效的理念。当然，不求最优，并不是胡乱凑合，挖到篮子里就是菜，而是在一定约束条件下争取"次优解"，或"近优解"，用模糊决策作为工具之一，便于得出这种结果。

1965年，著名控制论专家、美国加州大学教授 L. A. 扎德先生首次提出"模糊集（Fuzzy set）"的概念，奠定了模糊性理论的基础。到了1995年，扎德教授做了著名报告——"模糊逻辑新前沿"，其中列示了本学科正待开发的系列领域，而第一项就是：从"用数计算"转向"带词的计算（computing with words）"。在笔者看来，这是一种"计量"与"较质"的结合，其思维格局和导向尤其值得重视。

人类的认知，就是为了减少"不确定性"。有人误以为，"不确定性"就只是"随机性"。殊不知，"不确定性"存在多种类型，"模糊性"就是其中重要的一种。刘应明院士和任平明确指出："现在，我们已经知道，至少存在两种不确定性，随机性和模糊性。模糊性背离了排中律，随机性背离了因果律。"一只黑天鹅就打破了"天鹅皆白"的武断定论。

从整个科学格局看，不宜将"随机性"混同于"不确定性"。随之而来的一个推论便是，"随机性方法"非常重要，但不能作为应对"不确定性"的唯一方法，不能用一种数理方法包打天下。这个判断意味着，即便我们否定经济统计的学科独立性，将其仅仅视为数理方法在经济领域的应用，也不能仅仅是数理统计的应用，至少，经济统计还需要模糊学方法的应用。若眼界再放宽广些，对于混沌现象，恐怕还需要拓展相应的数理方法。总之，数理方法的武器库需要大大扩容，这样应用起来才可能有"十八般兵器"。

当然，经济测度方法论具有相对独立的学科性质，本质上是经济学这个学科群中的基础结构之一，这是作为社会科学的经济统计学。数理方法在经济领域中的应用固然也是经济统计，但并不是经济统计学的主体部分，更不是其全部，而只是其作为交叉学科存在的一种统计学。只讲"一门"是"小统计"的学科观，如果真是存在"大统计"，那么统计学应该是一个学科群。无论如何，学科发展应该是包容性的，不应该用一种替代另一种，不应该因为这一种就取消另一种。

1987年，我在东北财经大学跟随佟哲晖先生攻读经济统计学方向的经济学博士学位。老人家特意从大连水产学院（现在的大连海洋大学）请来了查健禄老师，给我们两个博士生（另一位便是如今的蒋萍教授）上"模糊数学"这门课。佟先生学科思想非常开放，他认为我们需要补这方面的知识，他上不了的课就外请教师。

不出导师预料，我的博士学位论文涉及"模糊综合评判"，就得力于查健禄老师的精心教学和专题指导。论文中提出"最大隶属度原则"是加权平均原则的特例，并给出了数学证明，发表在《统计研究》上，这可能是我最大的课程收获。而这么多年在经济测度的思考和研究中，总是坚持关注"模糊不确定性"，就是佟先生和查先生当年播下的思想种子。

刊发于《经济学家茶座》2021年第4期

社会经济计量中的"距离"需要多元解读

经济一词的本义是讲效率，所谓多快好省乃经济学题中自有之意。在时下流行的社会经济计量分析中，我们往往会接触到"最短路径（shortest paths）""最小距离（shortest distance）"等思想，从而有了"最小生成树算法（minimum spanning tree algorithm）""捷径法（short-cut method）"等处理。我们通常以为这些科学思想和方法乃天经地义，放之四海而皆准。

需要深入挖掘的是，基础概念与社会经济现实的匹配性。经济学的母学科是牛顿物理学，开创之初曾有"社会物理学"之称谓。基因所致，我们往往不自觉地受制于牛顿物理的种种观念和工具，所谓"距离"便是其中之一。

当今物理学正经历革命性的拓展，量子物理的思想蔚然成风，牛顿物理的一些经典概念往往需要重新认知。在这个学科革命性发展的大背景下，经济学自然也应该认真反思，而不能一味简单地套用传统物理学或抽象的数理概念，否则，诸多定量分析很可能隐含着谬误。

本文提出对距离这个基础概念的若干反思，关键在于，应该进一步探索"多元距离观"对计量方法应用的隐含约束。

第一，对距离应作广义解读。

对社会科学而言，距离不只是"物理距离"，还可以有"经济距离"，物理距离与经济距离未必是一回事儿。须知，凡事有了人类的参与，往往会变得越来越复杂，经济距离隐含的影响因素大大多于物理距离。

现在出门好多人选择乘坐"计程车（taxi）"，我国内地称其为"出租车（rented car）"，实为张冠李戴。打车通常都不愿意绕远，希望所走的地理距离越短越好。但是，如果再考虑到路面状况（可分为公路等级、平路坡路等）、红绿灯设置、左转次数、道路拥堵即时情况等因素，可能有时地理距离就得作为路径选择中的次要因素。有时需要适当绕远，而非一味追求最短地理距离。

例如从首都国际机场回北京城，假如目的地在城西边，就可以有两种选择，一是走通常的首都机场高速，二是从京平高速转京承高速，后者比前者多几千米路，过路费也多五元钱，但在多数情况下会节省乘车时间，这么算账，后者的经济距离未必就大于前者。

计量城市之间污染的传递影响，固然需要考虑地理距离远近，此外不可忽视的因素是地势、风向和风速、季节等，如果两个城市间有高山阻隔，那么即便地理距离相近，彼此间的污染影响也可能大大减弱，而且风向和风速本身又会随着季节等因素变化而变化。在计量模型构造时，不仅要对影响因素做比较全面的考虑（当然我们未必能将所有的因素都考虑到），还需要深入考察因素间相互作用及其对污染传递的影响。

如果现实分析中忽视广义距离概念所隐含因素的诸多影响，实质上是对路径做了均质性甚至同质性的假定，等于是在抽象的直角坐标系中搞"纯"距离计算，计量而不较质，形式上实证，本质上虚证。计量分析时需要铭记于心的是，在社会经济现象的不同约束（时间、成本等）条件下，距离的性质及其意义大可不同。

第二，距离的内涵可能与事物的分布相关。

在事物的不同分布中，距离的内涵可能差异很大，特别是当我们面临极端分布情形时就更要当心，下面以"财富距离"和"智商距离"为例加以说明。

对常人而言，百万富翁和乞丐之间的财富差距天差地别，但对比尔·

盖茨而言，二者之间的财富差距可以忽略不计，以亿万巨富为参照，百万富翁和乞丐实质上都是穷光蛋。美国"华尔街占街运动"期间，游行者打出的口号是"我们都是99%"。可见，财富距离与其分布相关，与人口结构形态相关，与行为主体在结构中的位置相关。对不同经济主体，同样的财富距离意义大为不同。百万美金对多数人惶惶然是天文数字，终其一生难以企及，然而对比尔·盖茨来说，则根本不在话下。

曾经有位黑客在公开讲演中承认，在他眼里，世界上只有两种人：一种是黑客，即超过或至少跟他差不多的人，再一种就是傻子。他当场请求听众原谅，他只是如实地坦白他们那类人的内心，这一小撮电脑超人对他人的真实认知就是如此。

在常人看来，芸芸众生，智商肯定高低不同，哪怕差异区间不大，也还总有差异存在，比如，哈佛耶鲁毕业生通常优于美国社区大学的毕业生。然而在黑客内心，这种智商差距是可以忽略不计的，在聪明绝顶的他们眼中，芸芸众生其实就只是一种赤裸生存，跟没吃青苹果前的亚当夏娃没啥区别。

统计学在历史上曾被某些学者称为"平均数科学"，要对未知现象做出估计，偏误风险最小的自然是中庸之道，这种取向在均匀分布或正态分布时比较容易得手，但遇到偏态分布就需要格外注意，对距离的误读便是方法陷阱的后果之一。

第三，距离不同区间的权重大小与其在全局中的位置相关。

"行者百里半九十"，是东方先哲给我们留下的谆谆教诲。同样的地理距离，不同区间的权重竟然相差那么大，前九十里只相当于一半，而最后十里却占据了另一半，这是一种基于悲观主义立场的审慎判断。

如果说原来对此箴言不大理解的话，那么具体中美贸易谈判就恰好给我们补上了这一课。七八轮谈判下来，本来中外各路媒体都相当乐观，传言是已经谈好了90%，似乎全球都可以见证签字时刻了。不料恰恰是这10%其实根本无法谈拢，于是前功尽弃，特朗普可能压根儿就没想谈成，于是到了关键时刻转谈为"打"。谈和"打"都是多元博弈的形式，二者如何转化全看局势的演变。

理想丰满，现实骨感。无情的事实再一次警示我们，所谓条约在本质上往往是城下之盟，签约并不是停止博弈，而是博弈形式的阶段性转化。条约即便达成，也往往是签约双方内在实力的外化，实质上是要固化强者的优势，是要将弱者的劣势长期化，所谓平等互惠不过是个绚丽多彩的泡泡。

第四，距离与行为主体的运动速度相关。

需要内省的是，当我们讨论距离远近时，实际上已经预设了一个特定行为主体，而距离与该行为主体的运动速度相关。随便说出三个城市，比如从东京到巴黎，与从东京到伦敦显然存在着地理距离差异。然而，对不同运动速度的行为主体而言，这种地理距离差异的意义不同。对徒步之人而言，这差距恐怕需要人步行十多天；对客机而言，到达时间会差上几十分钟；对火箭而言，这400多千米对到达时间而言则没有什么意义。

总体上看，对高速运动的物体而言，有的地理距离是没有意义的。如果火箭需要绕地球三周才能从亚洲到达欧洲，那么到欧洲的哪里对火箭而言就无所谓了。

人对距离的认识往往潜在地受制于自身的运动速度。特别是在人类直立行走之后，大脑发达的代价之一是身体运动速度的下降，所以人的基因里有一种求快的隐匿机制，对缩短距离更为在意，恐怕是这种补偿进化成本的心理表现。

第五，距离越短越好吗？莫被欧式距离框住。

"欧氏距离（Euclidean distance）"是直角坐标系中最常用的距离概念，两点之间的最短距离是连接两点的直线距离，在三角函数中基于勾股定理解算三角形斜边得到。我们从小习得这种知识，容易养成先入为主的思维倾向，一谈距离就想到欧式距离，潜意识里把二者混为一谈。

其实还有其他距离概念，比如，"曼哈顿距离（Manhattan distance）"与路径设置的约束相关，向现实靠近了一步，如果街道受到建筑物等影响无法直线设置，就需要采用两条直角边及其等价路径。此外还有"切比雪夫距离（Chebyshev distance）"等，需要考虑的隐含因素可能更多。

网上传过一个动态图，红蓝两个球从一个高点 A 下滚到 B 点，蓝球走 AB 之间的直线（最短线），红球则走 AB 之间的弧线，显然弧线长于直线，结果却是红球先从 A 点到达 B 点，这说明除了距离影响到达时间外，还有球体在两点间的势能发挥着作用。

这里，建筑物对路径设计的约束、物体运动的动能等都是考虑距离时的影响因素，我们需要注意，尽可能避免被欧式距离框住，那是对社会经济计量的简单化或抽象化处理。

第六，直接路径一定优于间接路径吗？

与多元距离解读相关的一个认知就是直接路径与间接路径的区别。通常的理解大多是以直接路径为优，只有当直接路径无法达成或者其效果过差时，人们才设法采取间接路径。但是，如果距离本身是多元的，直接路径和间接路径就必然是相对的，得看是从哪一种距离概念来定义路径。甚至在路径的直接和间接关系确定后，二者孰优孰劣也是相对的。

在高速运行的网络中，二者实现的时长差异可能没有意义。比如在神经网络中，从 A 点直接到 C 点，与从 A 点经过 B 点再到 C 点，二者所需的时长未必有差异，或者说二者的时长差异没有生物学意义，直接路径与间接路径存在等价的可能性。反过来看，如果我们内心里认定直接路径一定短于（物理距离意义上优于）间接路径，那么我们一定隐含地假设了一种运行速度。

在世界经济的全球化发展中，专业分工生产方式严重依赖于进出口贸易，并不遵守"最短路径法"，"为进口而出口"或"为出口而进口"等交易方式都大大增加了货物流动的路程，不仅不是最短路径，反而可能是采用"最长路径法"。需要特别注意的是，专业化分工虽然被奉为社会进步的源泉，却恰恰大大增加了经济事务运行的环节及其节点，与最短路径思维不同的是，只要零部件专业化生产所取得的经济效益大于产品整体生产的效益，只要专业化生产造成的额外运输成本可以被其额外效益抵消，间接路径就可能优于直接路径。

第七，时间距离的细分和节省。

在诸多距离中，只有地理距离和时间距离相对而言比较容易确定和感知。即便如此，地理距离也可能夹杂着许多因素，时间距离同样如此。

就时间距离而言，并不是间隔越小的事物彼此间影响越大。对周期性现象而言，时间距离对不同事物的相关性影响要看其与该事物运行周期是否匹配、是否同步。比如人口出生现象，生育周期对不同年份间的相关性会有很大影响，一个生育高峰过去，一般要20多年之后才会出现下一个生育高峰。

再比如出门交通工具的选择，坐飞机还是坐高铁？选择"总花费时间"少，还是选择"无效时间"或"低效时间"少？这是一个应该深入分析的问题。

坐飞机虽然飞行时间短，但细算起来需要经历11个环节，把旅行者的时间碎片化了：（1）从城市中心到机场（往往是远郊，需要提前到机场办理登机手续）；（2）排队安检；（3）等待登机；（4）登机；（5）等待起飞；（6）起飞；（7）正常飞行；（8）下降；（9）飞机落地到停机位；（10）下飞机；（11）从机场到目的地城市中心。其中只有环节（3）和（7）能顺便做点什么，其余的都用来转换状态。相比而言，乘坐高铁这种状态转换就少了一半，安检时间也短，落座之后就可以进入工作状态，虽然高铁比飞机慢，但用于状态转换的时间大大减少，"有效时间"比较多。

如果睡眠没有障碍（再多加考虑一个决策影响因素），大可乘坐夕发朝至的火车，卧铺上安睡一夜，第二天可以照常工作，不用把白天的时间花费在交通上。表面上看坐车时间长了，但由于集睡眠和交通于一役，有效时间反而增加了。

第八，社会经济计量中应当多元解读距离概念。

概而言之，距离的概念其实林林总总，并没有我们默认的那么简单，特别是在社会经济计量中，尤其不应该照搬牛顿物理的距离概念，特别需要深入探讨其中隐含的诸多影响因素，需要多元解读。

国人特别喜欢拿"世界500强"说事儿，可那不过是公司销售额的排名，顶多算是体量大，但未必是什么"强"。把体量大误认作"强"不过是虚张声势，典型的如中国的五大国有银行，虽然排名在世界500强前列，但从其主营业务和利润来源看，不过仍旧是传统储蓄银行，还靠着"息差"吃饭，距离真正的现代商业银行相去甚远。

所谓"身大力不亏"固然有一定的道理，但其道理是很有限的。笔者以为，"势力"两个字得分开来解读，如果结构不好，"力"被"势"抵消，大力就可能演变成小力，社会经济生活中这样的例子比比皆是。

大学排名也是时下热点话题，这也是距离的衍生品。每个评价指标都标示了大学之间的不同距离，把各种距离合成起来就成了大学间的距离，可见，大学排名是一种"合成距离"。不同的排行榜包含的评价指标不同，即对不同距离的偏好不同，有的重科研，有的重教学，有的重社会影响。因此严格而论，不同排行榜之间的可比性很差，各学校都拿自己的最佳排名成绩说事儿，浑水摸鱼有了机会空间。作为排名榜的消费者，我们应该参照各种排行榜，综合在一起加以观察，或许能看出各学校之间距离的端倪。

还有最著名的GDP，本来只是一个经济体（国土范围内）经济活跃程度的指标，但却被误用于"国力"的测度和比较，这是一个相当深、相当大的经济测度陷阱。国人沉醉于世界第二大经济体的称谓，甚至以为（按所谓"购买力平价（PPP）"计算）中国已经超过了美国，恰恰是着

了 GDP 排名的迷幻之道。试想，一个饭店顾客满座，可人家登门只点
"今日特价"的菜，店家能赚到钱吗？GDP 之谜需要经济统计学的专业研
究和解读，而对距离这类基础概念需要仔细辨析，以作为观念前提，本文
权且当作一个引子。

刊发于《经济学家茶座》2019 年第 2 期

捐十个亿都行，就是汽车不行

——"支付意愿法"隐含的测度风险

在电影《私人订制》里有这么一段场景，记者（在影片中没露脸，不过声音高度疑似冯小刚）采访正在河边为生态环境而忧虑的葛优（杨先生）：

记者："采访您一下，行吗？"杨先生："嗯……"记者："我们想问您，如果您有100万元，您愿意捐给那些需要帮助的人吗？"杨先生："都捐了啊？"记者："对，都捐了。"杨先生："愿意。"

记者："您有1 000万元呢？"杨先生即刻回话："愿意。"记者："您有一个亿呢？"杨先生很干脆："十个亿都行。"

记者："那您如果有一辆汽车，你愿意捐给别人吗？"杨先生朝自己车那边望了一眼，旋即摇头。记者："为什么呀？"杨先生："别的都行，就是汽车不行。"

记者不解地问道："您有十个亿，您都愿意捐，为什么车就不行了？"杨先生凑近镜头低声说："因为我真有一辆汽车。"

空头愿好许，手头事难做。高品质的喜剧是笑中含悲，这段表演生动地揭示了深刻的人生哲理，无需笔者多费口舌。

本文要说的是，这段内容其实也与社会经济统计密切相关，记者所问所访，思路上与"支付意愿法（Willingness To Pay，WTP）"非常契合。支付意愿法，是众多的欧美舶来品之一，改革开放后，国人在社会经济计量分析中用得很起劲。

　　然而，国际通用的洋玩意儿未必笃定管用，更非处处可行。依我看，这个"支付意愿法"本身就隐含着很大的测度风险，任意在社会经济领域到处套用，恐怕很成问题。

　　我们常常自嘲中国传统文化中的"差不多"先生，要请"赛先生"来痛加改造。然而，不能像涉世未深的小姑娘追星那样一门心思，有道是：冷眼向洋看世界。不管欧美数学公式怎么严格，计量模型怎么漂亮，也不能光看形式。我们不能光搞数据挖掘，还应该搞"方法论挖掘"，盯着计算的机理。流行的方法，未必都那么严谨，其中往往也隐藏着不少的 Mr. Almost。

　　当然我们知道，逼近，往往是追求科学目标的一种基本思路，"近乎"本身并不为过。只是我们追求精确计量，光盯着公式的形式美不成，还得注意方法和模型内在的局限性，不应该被公式的"等号"迷住了眼，以为它真的就全然表达"等于关系"，忘了它往往有"约等于"的含义。把"约等号"拉直了变成"等号"，简洁，让人觉得可靠，而且不确定性程度也降低了。不过凡事有其利必有其弊，取其利时，别忘了防其弊、减其弊。把原本的曲线关系当成直线关系处理，最大的弊端就是其结果仅为近似值，不再是等于关系！

　　再者说，前沿和流行的方法模型不在少数，五花八门的，实证分析时必然面临方法的选择问题，此时尤其需要注意所用方法与所应用场合的匹配性。一招鲜吃遍天，不是真正的科学研究，而是假学术之名而套一己之利，把学术当成了生意。

　　本文就拿"支付意愿法"来当个靶子，从主观、客观两个方面来分析。

　　首先，放心使用"支付意愿法"需要一个基本假设，即多数回答者愿意把自己的真实意愿表达出来，如同《私人订制》里葛优扮演的杨先生。然而，在社会经济现实中，是不是大多数受访者都这么诚实呢？并没有保障。只要所问问题事关答卷者的切身利益，所得到的答案就可能与真实意愿相悖，甚至相去甚远。

尽管在设计问卷时我们可以绞尽脑汁，预堵漏洞，然而道高一尺魔高一丈。一个是现实问题的复杂性，一个是问卷设计的内部一致性，这两边会发生博弈，动态之间，恐怕还是设计者处于下风。还有，不同诚实程度的问卷答案混杂在一起，能够反映出总体水平和趋势吗？我们敢拍胸脯做出保证——种种虚假意愿都被扣除干净了吗？

"支付意愿法"很早就用于奢侈品行业，是用主顾的意愿调查来询价的一种机制。问卷对象都是业内的熟人，这范围无形中就是一种限制，不管如何博弈，被调查者需要认真地对待问卷，随意回答很可能给自己的长期或总体利益带来损失，也是对自己内心和眼光的一种侮辱。这有些类似于建筑业中的招投标，诚实回应问题是一种约束，也是长期利益的一种保障。

将"支付意愿法"的应用范围无限扩展，问题回应者并不是固定的人群，即便信口开河也没有任何事后的惩罚，甚至无法知道谁在任意作答。风险敞口，对问卷质量具有相当大的潜在破坏。

更不为社会所容忍的是，有的问卷调查雇了不负责任的调查员，根本不去实地发放问卷，而是宅在屋里闭门造车，随便乱填，就把调查补贴赚到口袋里了。这种臆造的答案输到计算机里，数据结果肯定被污染得一塌糊涂。不同国家的社会发展程度不均，需要提防的漏洞实在太多。

其次，即便问卷回答者的诚信没有问题，也仍旧存在着测度风险，至少有三大局限还需要注意。

一是"现场效应（the scene effect）"限制。在面临问卷时，回答者通常是在某种构想的情形下给出自己的支付意愿，并没有也不可能身临其境。然而，人是感性的动物，身处现场与隔时隔空的情境相望之间肯定会有心理差异，对多数人而言，这差异恐怕还不小。

要求答卷者"设身处地"地给出选择，其答案就容易受到这种心理差异的影响。而更具不确定性的是，我们甚至无法得知这种"现场效应"的影响究竟多大。不过，影响不小是笃定的。在我们身边，好多人用电脑模拟炒股总是大赚，而一旦实战就赔钱。还有不少人，平时锻炼跑得挺快，一到赛场腿就抽筋，不得不败下阵来。这些事例都典型地证明了"现场效应"影响之大。

二是"量级效应（the magnitude effect）"限制。支付意愿问卷中涉及的决策或选择问题，其涉及金额的量级（规模）往往不大。由于心理调查的对象多为大学生——这往往是问卷组织者的"方便样本"，相当部分的问题往往只是在大学生的经济条件下就可以做出的决策。做 A 选择，可能收益（损失）几美元、几十美元，最多也就是千儿八百美元。做 B 选择呢，损益的概率值会有差异，但差不了太多。这个等级的金额数量与实际公司业务中处理的问题相去甚远。就算在实际家庭生活中，重大事项所涉及的金额也可能超出这个数量级。

一般而言，决策问题的金额量级（规模）越大，具备该量级层次理性决策能力的人就越少，即可以做出理性选择的人越少，答复的可靠性就越差。现实社会问题的量级规模与问卷模拟问题的不一致，使支付意愿问卷难以准确涵盖人们在社会经济现实中的真实心理愿望。

三是"收入结构（income structure）"限制。对高收入者而言，支付金额的边际成本比较低，而达成某种意愿的边际效用相对来说比较高。反之对低收入者而言，支付金额的边际成本比较高，而达成某种意愿的边际效用相对而言并没有那么高。所以问卷的数据结果往往取决于回答问卷人员的收入结构。

高收入人员支付意愿比较高，其给出的金额对问卷结果的影响往往比较大，由此在加总处理后，问卷结果往往更多地反映了高收入者的意愿，这是"数值平均方法"（算术平均、几何平均和调和平均）不可避免的连带效果。一般来说，"位置平均方法"（众数和中位数）可以在一定程度上避免这种偏差，但其公式往往不宜进行数学处理，实证分析时又面临着"计算便利性"的限制。

暂且假设只有这三大局限，如何减少其对问卷结果的不良影响，是采用"支付意愿法"应该充分注意到的关键，在解读"支付意愿法"所得数据结果的社会经济内涵时，也需要注意这三个限制的潜在影响。

经济学实验方法如今很时髦，这是从物理学搬过来的，从心理学搬过来的，"支付意愿法"就是其中一种。引入新方法采用新手段当然是好事情，工具越多，科学选择和决策的余地就越大。关键在于如何应用，千万别"套用"，务必要对得住"应用"一词中的"应"字，注意社会经济领域不同场合对所用方法的限制，才能取得预期的应用效果。

刊发于《中国统计》2020 年第 7 期

大学的录取线该问谁
——"自反性"与社会经济测度

我在大学里做了大半辈子老师，其中还有十多年做过学校的行政管理工作。那时候整个夏天，也就是我做高考咨询最忙的时候，而被问到最多的一个问题就是：你们学校今年的录取分数线是多少？

家长的心情完全可以理解，约摸孩子考得不错，不然不敢打我们这个热门学校的主意。不过填报志愿还是个重大关口：如果志愿报高了，孩子分数够不着，可能没好大学可上；如果报的志愿比较低，孩子录到不那么可心的学校，实在委屈。俗语说，编筐编篓，全在收口。填好志愿，才对得住孩子多年的辛苦。跟学校内部人认识，要是能提前把录取线透露出来，岂不具有得天独厚的优势？

问题在于，家长打电话总是太"早"了。在报志愿这个时候谁也不知道——今年"我们学校"的录取分数线究竟是多少？因为，它还没被统计出来呢。

实际运行程序是：得等家长和孩子都填报完志愿，省招生考试办公室把所有报考我们学校的考生从高到低排成榜，有了榜单，才能看出我们学校的录取分数线。说白了，如果我们学校招收 1 000 人，那就看这个榜单上第 1 000 名那位考生的成绩，这个考生的分数就成了那道要命的录取线。

如此说来，学校的录取线并不是学校领导决定的，得看家长和孩子怎么报志愿。如果分数高的考生报我们学校的人数多，那我们学校的录取分数线就往上升；反过来，如果分数高的考生对别的高校更感兴趣，报我们学校的高分考生少，那我们学校的分数线就往下掉。这跟菜市场有其相似之处，不同摊位的价格怎么定？有钱的主顾往哪个摊位去得多，哪个摊位就可以卖高价。

解释到这里，我就开始反问那些提问的家长，你孩子的分数究竟能有多高啊（有时是估分填报志愿）？报我们学校的决心到底有多大啊？说实在的，一个考生成绩再高，当然对一所学校的分数线也起不到决定作用，然而众人拾柴火焰高，我们学校今年的录取分数线恰恰掐在各位报考人的手里啊。所以得反过来问你们才对，正是你们家长和孩子当下正在共同做决定 —— 划定我们学校的录取线。

到询问分数的时候为止，校领导也只知道前些年的分数线。但往年的分数只能做参考，这跟果树的大小年有其相似之处。前一年高了，敢报的人少，第二年分数线就可能降低，反之则反是。当然，一个学校的分数线高低还取决于家长考生对往年分数究竟如何反应，都以为第二年会下降，结果反而上升，变成持续大年。这有点像赌大小的博弈，并没有一定之规。

通过这个例子，我们就应该知道，从事社会经济测度的人工作有多困难，这跟物理等学科在真空实验室里做实验完全不同。对数据用户来说，信息当然是越全面、越准确、越及时就越好，所谓韩信将兵，多多益善，而且最好是指哪打哪。然而，这其实有点漫天要价的味道，在社会领域里压根儿做不到。要知道，即便所有社会资源都用来搞经济测度，信息也难以做到完备的程度，这由社会经济现象的本质特性所决定，完备信息假设绝不成立。

最要紧的是，社会现象跟自然现象完全不同：有人参与，人可以思维，并可以随时根据所得信息调整或改变行为方式。反过来看，人们做决定时又需要了解相关的状况，正所谓科学决策需要基于完备的信息，所以，需要经济测度者提供基础信息。

问题的难点就在于这两方面要求撞车了，社会事务是相互联系着的，而且这种联系是动态的。需要了解的状况往往还处于变动之中，跟报考大学一样，录取分数线 —— 关键信息还在形成之中，而这恰恰取决于利益相关者（这里正是关心和询问分数线的人）所做的决定。想了解相关信息的人，恰恰是形成该信息的参与者。我们多喜欢用"结论"这个词，可事情还没结束，怎么就能做出"结论"呢？社会现象往往包含着互为前提的动态博弈关系，麻烦就在于有人参与，就在于人的"自反性（reflexivity）"。

自反性是"知识社会学（sociology of knowledge）"中的一个重要概念，网络上可以找到对它的通俗解释 —— 宽泛而言它是指，在特定的社会系统背景下，观察者的观察行为影响了他们当下的观察。金融大鳄索罗斯先生比较喜欢哲学思考，对自反性概念情有独钟。他认为自己赚大钱并不是撞大运，而是得益于对这个核心概念的理解。从理论与实践相结合的角度看，他对自反性的阐述比较深刻。愿意深入了解这方面知识的话，也可以在网上找到索罗斯先生对西方经济学主流观点的批判，核心武器就是这个"自反性"。

有了"自反性"概念，我们更容易理解，社会经济测度与经典物理测度不同。自然界的测度对象是一个物质实在体，似乎对象是被动地"等待"测度，至少不会因为人的测度而发生博弈性的改变。而社会经济现象不同，人作为行为主体随时应变，有时变化还比较快。

现代社会中甚至存在"快闪"现象，稍纵即逝，难以测度。经济测度者不可能像炒股票的人那样随时盯盘，如何及时把握对象的变化，并不容易。

更麻烦的是，测度者与被测度者之间并不独立，彼此存在着无法隔绝的社会联系，测度者有时成了被测度者的利益相关者，社会关系的远近对测度质量的潜在影响不可忽视。如果把测度对象比作一个靶子，那么这个靶子是移动着的，而测度者则可能是骑在马上瞄准，移动靶子的人与不同射手的关系远近还不一样。

曾经流行过一种说法，推断统计需要主客观相结合，而描述统计必须客观反映现实。这种观点听起来很有道理，被好多人接受。实际上，这是一种非分要求。由于自反性的存在，描述统计不可能提供纯粹的"客观事实（objective facts）"，基础数据顶多是"构造性事实（constructed facts）"，这"构造"两个字，就表明了其中的主观性——人的因素，总得有"构造者"才会出现"构造"。

描述统计不可能像镜子或者照相机那样，提供所谓"有一是一"的镜像。就算照镜子，镜子怎么挂（上下、左右、偏正）、离得远近、镜子的质量等因素都存在着人为操作的空间。要是用哈哈镜，所出现的影像就滑稽了，或许成了马三立先生的"逗你玩儿"。更甭提照相，同样的照相机，同样的场景，不同的人，照出来的图片大有不同。再加上现如今P图技术的发扬光大，"有图有真相"的时代早就过去了。

细想一下，其实人正是这个世界上最大的麻烦制造者，社会经济现象中离不开人，离不开"自反性"，测度起来就很麻烦。所以，不能对所谓信息的可靠性期望过高，不管测度方法显得多么漂亮，不管结果检验看上去多么严谨，也不管发布机构多么权威。

使用数据，本不该不问青红皂白，知道了"自反性"这种测度偏误的潜在来源，就更得小心谨慎，如履薄冰。在数据应用中，需要培养自己的经济统计意识，深入掌握指标的计算机理，练就一双慧眼，发现数据中可能的偏误类型，大致做到心中有数。这样，现场从事数据分析时才容易发现问题，对潜在的陷阱有一种历经专业长期浸润之后的直觉。

面临股市基础数据，有的做"基本分析（fundamental analysis）"，有的做"技术分析（technical analysis）"，都需要将其他股民的市场反应作为重要的考量因素，而超乎二者之上的，是对股市的"直觉（feeling）"。这种直觉基于对人性的熟知，即便养成，也需长年之功。索罗斯先生那种吞金大鳄，在金融深海里也不多见。临渊羡鱼，不如退而结网。当然，我们做不了索罗斯……甚至难以望其项背。

不过，在测度社会经济现象时充分注意到"自反性"，对工作、对生活总会有所裨益。思路对头了，或许能"更上一层楼"，高一层就看得远一层。经济统计计算增加值，在研究中我们应该追求的也是学术的增加值，能相对优化一些，理直气壮地表示为自己的学术创新和贡献，积累起来可能就是知识财富。

刊发于《中国统计》2020年第6期

淋浴花洒的精选与计量模型效用

吃穿行的困扰解决了，住房就成为刚需。买了住房得装修，未必配浴缸，可淋浴的花洒少不了。实物生产和消费这些年在中国大发展，花洒的样式也五花八门。到底选哪种比较好呢？不大不小，这是个问题，to be or not to be，悄然地跟哲学联系上了。

物件不大，也有外国大品牌，家装市场里现场演示，十多种花洒的出水模式，急的缓的，"专注"大面积淋洒的，据说有的出水方式还有按摩功效！当然一分价钱一分货，外国大品牌就是贵，可人生打拼了这么些年，还不得对自己好点吗？若是手头实在紧张，国产的普通花洒看上去也不错，这不是什么高端技术，国人的制造能力不是吹的，关键是价格相当亲民。

话说到这个份上，似乎选择比较简单，钱有富余，就选外国的知名品牌，要不就国内品牌。然而不然，我不大主张用外国牌子的淋浴花洒，因为过犹不及，某些日用产品并不一定是越精细越好，而花洒恰好属于这类产品。

花洒用来淋浴，出水是最基本的功能。精细的花洒通常体现在出水的模式多，淋浴时你可以随意选择，享受生活。可花洒越精细，对水质的要求也越高，不然时间长了，水垢，或者管道锈末，就容易把花洒精细的出水孔堵死，原本挺多的出水模式可能就只剩下几种好用，甚至更糟，剩下的几种模式也有出水孔不好使的情形。

国际品牌往往由发达国家设计，发达国家的水质标准比较高，水管质量也比较好，对花洒的使用不存在上述制约。跟"何不食肉糜"一个道理，发达国家的设计人员很难设身处地为我们考虑，而出水模式多样化可以体现其产品的优越性，索要高价也有了正当理由。商品市场是个万花筒，你的需求容易得到满足，除了钱以外，还要求你的"消费智商"能跟上，否则容易把人弄眩晕。精选未必是选精的，而是选得精，尤其需要注意产品与使用环境的匹配性，心里该弄懂且记住南橘北枳的理儿。

国产花洒可能没那么精细，可恰恰出水管道比较粗，不容易被水垢或管道的锈末堵塞，耐用性反倒好些。退一步讲，即便堵死了，再换一个也花不了多少银子。所以，不那么精细的淋浴花洒在这里反倒可能是优选。

闲话打住，毕竟这里不是生活频道，说淋浴花洒实际上是借题发挥，还得回到经济计量的正题儿上来。

现如今经济界都喜欢用计量模型搞实证分析，而且都愿意用最流行、最新的模型，发达国家比较时髦的模型，国人鲜见的模型。如果抢先用上发表了，似乎本土作者俨然就成了模型的首创者。沧海横流，方显出英雄本色。

不过隐含的毛病在于，好多论文中缺乏一种问题意识：为什么应该使用这个模型，而非其他模型？本来应该在文献综述中做出交代，根据待解决问题的实际需要来选定适当的计量模型，然而，学术逻辑的这一必需环节大多失踪，不知是有意还是无意，硬是被作者省略掉了，似乎天经地义，不在话下。洋洋大观的殿堂之作，形式上学术要素齐全，就是没有实际问题与模型之间匹配性的交代。

这里隐含了一个设定，流行的计量模型"放之四海而皆准"，一招吃遍天下。本来，放之四海皆可用，并不等于放之四海皆好用，"可用"与"好用"或许有天壤之别。计量模型是否有效，与所分析问题的匹配性是其基本前提，不可或缺。否则，模型再流行、基础数据再完备、数据结果再理想，都失去了定量分析的意义。意义是最要命的，一旦丢失，所有的工作都如同海市蜃楼，虽巍峨雄伟却形同虚设、虚无缥缈或转瞬即逝。

　　对一项研究的学术贡献和分量而言，其决定因素未必是其使用分析工具的难易度。反而，按照"奥卡姆剃刀"的裁量，如无必要，不需添加。能用简单工具解决的问题，复杂工具对其往往可能会是一种额外的负担。计量模型越复杂，所需要的假设就越多，其适用范围往往就越小。假设就像栅栏，用来阻挡被视为"敌对势力"的杂项，假设越多，意味着需要阻挡的杂项越多。按照笔者一贯的理解，模型的假定无非是对其有效范围的限制。说的难听一点，假设是模型构造者用来免责的，如果使用者囫囵吞枣、生搬硬套，一旦露怯笃定咎由自取。

　　计量模型构建是一般性的抽象概括，而应用模型则是一个从一般再返回特殊的过程，是一个具象化的过程，是一个多轮次的复合过程，是模型构建的反向过程。在这个过程中，根据实际问题的各种影响因素，需要做出适当的背景性"添加"，这样才是模型的应用，研究才是鲜活的，具有生命力的，也才切实有效。这个过程需要深入挖掘，其实学术要求很高。

　　如果只是套用模型，拼凑数据，甚至"炒作数据（cooking data）"，那么就与实际问题无关，与学术研究无关，充其量是个"大作业"，或许能显示作者玩弄模型的水平，是一种炫技？孔雀开屏将其绚丽羽毛全部用来展示，却不知人是多元的、动态的，未必只从正面观赏，美的单向分布必定容易露出破绽。笔者多次强调，"套用"不是"应用"，其实，搞应用受到的约束相当硬，在某种意义上甚至超出了纯理论和纯方法论的研究，由不得你天马行空。敢声称自己是搞应用的，那得有多高水平的综合素质？敢随意贴牌套牌，那得有多么"强大"的心理力量？

　　脚踏实地，谁都大可满口承诺，可实地并非净土，你到底踏不踏？在现实社会经济问题的实证研究中，压根儿没有那么理想的基础数据。各种来源的数据，五花八门，甚至驴唇不对马嘴，需要艰苦、细致、烦琐、耗时的数据整理工作。当年西蒙·库兹涅茨教授开创美国国民收入统计，就是这么走过来的。而这一点，即使到了大数据时代也没有改变，甚至不会改变。毋宁说，而今数据整理工作的重要性突显，甚至超出了数据分析工作。

　　社会经济计量，由于人的"自反性"，变得极为复杂。计量针对的是"复杂有机系统"，所分析的问题中充斥着人的多因素动态交互作用，搞计量的又是带有主观见解的人，这使得其远远难于生物计量，而生物计量又远远难于仅仅针对"无机系统"的物理计量。有的人把社会经济计量看得非常简单，似乎把数理模型一套就万事大吉，对领域知识缺乏应有的尊重。殊不知，仅仅计量模型与所分析问题的匹配性这一点，就很难达成，这也可能是好多模型用户躲着走的原因之一。

　　社会经济计量，贵在思辨，而实际生活对我们思辨的启迪非常重要。淋浴花洒的精选，强调使用环境，对计量模型的效用就颇有指导之功。

　　实际上，生活中这样的例子蛮多。比如，国人通常愿意选购发达国家的化妆品，一些人更喜欢欧美品牌。但作为东方人，恐怕日本的化妆品更为适用，对皮肤的养护作用更佳，这也是一种匹配性问题。我喜欢用身边的实例来说理，以小见大，由此及彼，开启心智。

　　社会科学的研究不能光动手，还得用心。不光读书得用心，生活中也该做个有心人，如此坚守，学术方成多维，且系统逻辑容易一以贯之。若是搞应用研究，这种触类旁通的思维习惯尤为重要。

　　原来解读这个思想时，我用的例子是DVD播放机，以说明计量模型并非越精细越好。在个人电脑和手机流行之前，影视节目曾经流行使用"数字视频光盘（DVD）"，更早在欧美则是录像带。

　　曾几何时，我们遭遇了国产DVD播放机与进口DVD播放机的选择问题，进口DVD播放机的播放质量好，画面精美，不过只能用正版的DVD碟片，非正版的DVD碟片放进去往往死机。国产DVD播放机的影像质量倒是一般，但遇到地摊卖的DVD碟片却还能持续播放，死机的情况少，只是画面有的时候出现马赛克。

　　毕竟正版DVD碟片非常昂贵，大大限制了播放机的使用次数。

　　而对于十元一张的非正版DVD碟片地摊货，如果撞见机会甚至有欧美来的老外，也大批购买。若用地摊卖的DVD碟片，显然还是国产播放机更为适用。我知道有一位美国来的外教，专门买中国制造的DVD播放机带回去，就揭示了这个道理。所以，产品并不是越精细越好，得看使用环境，得看系统内部功能的匹配性。

十多年的工夫，DVD播放机已然成了古董，我只好另外琢磨了淋浴花洒的例子，继续强调和呼吁应用计量模型的系统匹配性。

刊发于《中国统计》2020年第3期

究竟哪种薪酬模式好？

社会生活对经济计量的启示往往无界无形，所以，我们应该解放思想，灵机一动，再动。

前两天在手机里看到这么个段子：有一个农民给地主打工，地主说我给你每个月一石米。农民却说，"我有个大胆的想法：你第一天给我一粒米，第二天两粒，第三天四粒，第五天八粒……后面全部翻一倍。"地主想这农民傻了吧？要这么少，就答应了。

看到这儿，偏爱文史哲的会说，这是舶来品，欧洲国王与大臣的故事搬到中国来了。数学好的会说，地主才傻了呢，农民真聪明！对数学来说，自第二天起的薪酬数不过是 2 的 n 次方，他们的计算机脑袋运转神速，一下子就知道算术结果了。

两种薪酬模式，哪种好？计算的确很简单。

地主提出的是固定总量的目标模式，简单、明确。农民的替代模式乍看上去不起眼，起点卑微至极，只有一粒米，第二天起就不过是把前一天的米翻一倍。

农民用的是"微起点、日倍增"的办法，初过抑、后激扬：到了第16天才一斤多米（32 768 粒，网上说一斤大概是 3 万粒米），可是，"倍增"型增长优势就在于足够的"时长"，越到后来威力越大，超过一定时限就不得了：第23天能拿到 4 194 304 粒米，大大超出一石米（3 552 000 粒）。到月底第31天，就是 1 073 741 824 粒米，按照 1 石=59.2 千克算，这是 17 895.7 千克，也就相当于 302.3 石米。放在今天看，这也是一笔不小的财富啊，没点脑瓜，怎么敢设想仅用一个月的劳动赢得？

用笨理儿也能想到，这的确是个"大胆的想法"。农民一个月的目标远远超出地主的出价，真按这个博弈协定清算，估计他们俩的身份就得倒转过来了吧？当然，这只是个故事，智叟杜撰出来，专门开脑洞用的，现实社会中不会真的出现这种博弈。我们不妨借题发挥，把心思用来挖掘它给我们的启示，从意外到"意内"。因为算术和政治算术不同，数值背后还藏着社会经济意义呢。

首先，国人并不是仅仅照搬欧洲故事，段子的精彩在于添加了一个大反转："后来农民坚持了七天终于饿死了。"狗尾续貂，妙就妙在这条狗尾。虽然地主"上当"接受了B方案，但执行结果却出人意料，农民只拿到了128粒米。它提醒我们，计算虽然简单，想当然却极易失败。数值本身未必那么重要，但其隐含的启示却很重要。

农民这么聪明，为什么会饿死？知识就是力量，这话不假，可社会博弈是残酷的，力量可以制胜，也可能制败。对这个农民来说，他的薪酬方案设计就置自己于死地。

手里有粮，心里不慌，没有物质基础，慌张中的思想行之不远。拿这位农民来说，收入流量算计得方向明确，似乎万事俱备，只是忘了自己的财产存量，压根儿不足以维系他拿到那一个月300多石的粮食。观点不错，但格局还需多虑，此岸到达彼岸的桥和船备好了吗？或者，河有多宽，自己能游过去吗？流量与存量没有连成一个循环，后期的流量也就只是一厢情愿的预期而已，画饼是不作数的。

再回头看这个地主，他真不知道"日倍增模型"的厉害吗？也许他并不愚蠢，不仅知道其奥妙，还掌握了更多的决策信息：这位农民家无存粮，别处也借不到粮食度日。故而博弈时假扮"愚公"，秘而不发，似乎接受了一个明显吃亏的方案。难道没有这种可能性吗？社会情形之复杂，让我们的计量分析不得不小心从事。

比照而言，我们在做经济计量模型时，对所隐含的因素考虑得周全吗？模型的前提条件究竟有哪些？我们已经挖掘出来的有哪些？还有没有我们所没有考虑到的"意外"因素？须知，决定模型真实效用的恰恰就是这些"意外"因素。像这种倍增性增长模式，最为关键的就是"时长"因素，增长固然好，可是其可持续性如何？什么因素能打破这种模式？为维系这种增长所需要的成本都包括哪些？成本效益相比较，总效益究竟如何？

这些问题不解决，实证分析就容易成为虚证分析。比如本例，究竟哪种薪酬模式好，未必真的有结论。模型本身并不能告诉我们上述问题，甚至还可能牢牢吸引我们的注意力，以至于局限在运算过程中，只知有汉，无论魏晋，计算独大，淹没了思想。留意多了，"意外"才少。只计算不走心，"意外"因素就会把模型当成安居之所。

别的甭说，上面那么简单的计算也还包含着某些假定，不知各位浏览的时候想到了没有。

比如，计量单位在不同时期的换算关系并不相同，我上面列示1石=59.2千克，其实是采用宋朝那时候的换算关系。要是在别的朝代，财富意义就发生变化了，是涨是跌？需要逐个时期甄别，反正计量单位是随时间和空间变化的。特别需要注意的是：算术的计算对象是同质的，而政治算术的计算对象是时间异质或空间异质的，我们只有在多维空间的历史过程中把握所分析的对象，才能得出贴近现实的数据结论。

再比如，计算时假设这个月是大月，有31天。因为是"日倍增"的变化模式，这个假设非常重要：一天就差了一倍呢，要是在二月份，只有28天，薪酬得相差多少？这并不是钻牛角尖，斤斤计较，在现实经济中也确实有这种时差的巨大影响。想想股票和期货交易，多少人利用市场在不同国家的时差来套利？又有多少人因为差那么一天，甚至几分钟，就没能逃出灭顶性股灾？

再比如呢？我还没想出来，眼下也没打算"留待下回分解"，就交给诸位看官了。

画大人腿的小孩

为了开拓视野，妈妈领一个还不大会说话的孩子上街。回家后妈妈有些失望，孩子并不是很开心，就让他把街上看到的东西画出来，画什么都行。结果，孩子画的是好多竖线，柱子一样的东西。乍一看，妈妈不知道孩子画的是什么。琢磨了好半天，才猜到，孩子画的是大人的腿。

这则寓言故事，或者真事儿编撰，对大人的启示是什么呢？

第一，大人小孩的个子不一般高，看到的事物不一样。孩子上街独立行走，看到的"街景"尽是些大人的腿，令人非常压抑，印象不佳。

第二，孩子上街愿意让大人抱着，并不一定是孩子懒得走，依赖性强。很可能是总看大人腿看烦了，有大人抱着，视野借势发挥，能看到大人所看到的风景。还可能有一个原因，孩子自己走时总闷在人群下面，空气流通差，憋得慌，想上来透透气。

第三，上一次街，孩子肯定看到了比大人腿更有趣的事情，为什么单单画了那些竖线，或那些柱子呢？从现象出现的频率看，有趣的事物出现的频率低，而大人的腿反复出现，孩子印象深刻。再从孩子的描绘能力看，大人腿比较容易表现，对一个还不大会说话的孩子来说，其他事物，不管有多精彩，表现出来都太复杂。非其不愿，实其不能。

进一步思考，这则寓言故事对思考社会经济测度又有哪些指导意义呢？

首先，立场、观点（包括观察高度）、格局对社会经济测度的结论至关重要。苏轼在《题西林壁》中开篇就是"横看成岭侧成峰"，自然景观尚且如此，更何况社会经济现象？这种"横岭侧峰效应"当然更为明显。

不过需要注意的是，并不总是"观察高度"越高越好，那得取决于具体的观察任务。比如摄影，据说窍门（在许多场合）是把镜头放低些，人蹲下去，镜头所表现的事物可能大增其彩。"远近高低各不同"，只是讲了观点对结论的差异影响，但结论高下如何还并不明确。此外，有的时候还得跳出来观察事物："不识庐山真面目，只缘身在此山中。"恰是因为对经济测度具有这种指导意义，笔者主张，苏轼的这首诗应该作为经济统计学者的座右铭。

其次，事物本身可能是一因一果，也可能是多因一果、一因多果，更可能是多因多果。而且，因与因之间存在主次关系，果与果之间也是如此。特别是，这些因果关系往往是动态的。

搞数量模型，是要简化和明确表现事物之间（或事物的因素之间）的因果关系。或许模型结论正确，但即便如此幸运，所得结论也只是事物多因多果关系之中的一种关系而已。这样来检验我们的研究，以偏概全、"局部推断"往往是大概率事件。

而且，简化和明确往往意味着固化某种因果关系，与事物本身的动态演进过程恰恰相反。当我们确定模型时，其实应该意识到，全要素的综合与分析是人力所不及的，再聪明的头脑也不能超越事物本身的复杂程度，只是相对比较全面一些而已。两种模型，如果一个比另一个考虑得更深入或系统，那就是研究的推进，就具备了科学的增加值。

最后，人的表现能力有其局限。当人的能力与任务不匹配时，尽其所能全力以赴可能是理性的，但不可忽略的是，结果还是可能与任务要求相去甚远。因为社会科学或交叉科学所面临的往往是"社会复杂有机现象"，比"自然复杂有机现象"（生物学对象）复杂，比"自然无机现象"（物理学对象）更复杂。有机无机分科比流行的文理分科更为重要，在诺贝尔经济学奖获奖演说中，经济学大师哈耶克先生特别强调于此，值得国人深思。经济学脱胎于牛顿物理学，存在着对象与认知思路及方法上的错配，这是一种基因缺陷，从事经济统计分析时应该铭记于心。

　　细思极恐，面对如此复杂、不确定和动态的待观察事物，我们是不是那位"画大人腿的小孩"？我们该不该、敢不敢、能不能坦言经济测度乃至数理模型的不足？

刊发于《中国统计》2019年第10期

英国画家画不好澳大利亚的桉树

——经济测度中的"专家关注偏误"

画树，跟咱们统计有啥关系？八竿子打不着扯闲篇？究其实，事关"专家关注偏误（expert attention bias）"，且待我道出其中缘由。

英国画家画不好澳大利亚的桉树，是 Complexity and the Economy 中给出的一个事例，这本书由圣塔菲研究所的元老、斯坦福大学经济学教授、复杂经济学创始人布莱恩·阿瑟（W. Brian Arther）先生撰写，中文版的名字是《复杂经济学》，由浙江人民出版社于 2018 年 5 月出版。

英国曾经是日不落帝国，在经济上是世界老大，文化上自然就有实力和精力去发展。英国画家在本国的艺术院校中深造，训练有素，画树不在话下，中国人讲胸有成竹，人家是"胸有成树"。

澳大利亚呢，开始只是英国的流放地，后来才开发起来。在艺术水平上当然比不上宗主国。英国画家到澳大利亚，当然以专家的身份傲然藐视。

然而，中国老百姓都知道福祸相依的理儿，成也萧何败也萧何，正是在英国的"胸有成树"打了这些绘画专家的脸，他们怎么也画不好澳大利亚的树！

毛病出在哪里呢？原来，澳大利亚的树长"错"了：主要是桉树，叶子都比较薄，阳光可以穿过树叶，估摸是地域广阔，阳光充足，风大雨足，所以生长迅速。桉树的树叶更稀疏，更不挡风。

这跟英国的树很有些不同，我们可以从英国电影（《呼啸山庄》之类的）的画面中脑补一下，气温比较低，英格兰的树恐怕生长期会更长一些，叶子比较厚，更浓密，更兜风。至于阳光，在英国常常就被乌云挡着，透不出来多少，更谈不上普照大地，要再穿过厚密的树叶，场面更是难得一见。

土生土长的桉树并不成心为难大英帝国的画家，可人家君临澳大利亚，要展现的是专业范儿，并没打算发现什么新东西。大腕在画桉树的时候，"不知不觉地进行了'欧式'联想，并强加给澳大利亚的树。"东施效颦不对，西施总那么"颦"也并不美，中国人讲究因地制宜，还真管用。最后，是澳大利亚土生土长的画家，整整花了一代人的时间，画出的树才真正像澳大利亚的桉树。澳大利亚的桉树画法具有其独特意义，同时也会丰富世界树木画法的类型，应该具有一般意义。

无独有偶，早期欧洲画家把非洲原住民画成了"黑皮肤的欧洲人"，画人和画树同一个毛病。布莱恩·阿瑟指出："我们采取的行动其实建立在我们无意识联想之上。"

联想本来是人类思维的一个长处。然而使用不当就会产生负效用。我们所能联想到的，往往受制于内心中已经得到的认知。人们往往有"先入为主"的思维习惯，愿意用已知去套用不同的认知对象，似曾相识燕归来，缺少清零再重新开始的勇气。本来"已知"只是一个进入认知对象的平台，登录后还需要深入挖掘。也许是思考者隐含着的懒惰，也许是路径依赖，再也许是认知上的时间约束，人们往往止于粗浅的联想。

说到专家，就比常人更愿意相信自己的已知。专家在某个知识领域中建树颇多，得到了社会的认可（当然"砖家"不应该算），也正是专业建树反倒成了专家故步自封的资本，过分依赖所谓已知的风险也就越大。

在国际经济统计中，各种相关规则和方法往往由少数专家确定，从而形成了有关经济测度的"知识框架（the intellectual framework）"。最典型的如SNA，它由约翰·梅纳德·凯恩斯先生指导詹姆斯·米德和理查德·斯通（两位获得诺贝尔经济学奖的大牌教授当时还是年轻学者）等构建，产生于第二次世界大战中的英国，目的是估计支撑战争的财力。二战后斯通教授又联合美国及欧洲其他国家的专家共同修订"知识框架",逐步成为国际性乃至全球性的国民核算制度。

原生于英美的国民核算制度,要推广应用到全世界,这当中其实包含着"同路径假定":即便发展中国家没有达到发达国家的水平,但笃定会按照这个路径发展,这是早晚的事儿。按照英美核算专家的认定,英美等国的国民经济核算方式是普适的,至少其基本原则和框架如此,各国都应该遵照施行。经济落后,话语权就不多,其他国家对 SNA 大都采取虚心学习和尽可能实施的态度。于是,英美专家的眼光代替了其他人的眼光,专家关注什么,其他人就关注什么。所谓"发达",就是说人家"发展过了(developed)",该经历的都已经经历过了。从需要大变大革的意义上看,国民核算的历史已经终结了。

然而,树木在不同的气候地理条件下都有其区别,更何况国民经济这样复杂的社会系统。发达国家的核算专家并不是什么都经历过了,人工智能来了、新兴国家的群体性崛起、全球化造成的价值链等,都给国民核算带来了新的课题。其实,就 SNA 本身的发展而言,也并不是所有重要的测度问题都已经解决,当初有一些争议课题被搁置了,甚至有的问题还隐含着未被发现。

比如,SNA 初创时期,工业化国家对二战后重建事物压倒性的关注。世界银行领衔统计学家迈克尔·沃德(Michael Ward)教授回顾国民核算历程时曾痛惜——当初不合比例地注重经济生产和增长测度。在这个大背景下制定测度国际标准,专家必然会受到历史的局限,留下了偏向"经济福利"的浓重痕迹,而"社会福利"则相对被忽视。特定形势下形成的测度格局其实是特定的,对经济恢复后的欧美经济未必合适,对其他国家也未必总是适用的。

再比如,在国际比较项目(ICP)中,需要采用"标准产品描述法(standard product description,SPD)",但是标准产品表以美欧国家的产品篮子(原本用于时间指数的编制)为基准,像日本、韩国这种非西方国家参加 OECD 组的比较,在匹配相同产品时尤其困难。可在 ICP 操作过程中，却出现了"偏标准、轻现实"的处理：把不合标准的基础数据当作奇异值排斥在模型之外。

求真务实，就不能把SNA或ICP方法论手册当成国际经济统计的圣经，需要抱有批判的态度和目光。后进国家只是照搬照用现成标准不妥，要保持生命力，SNA和ICP都得持续修订，还需要真正建立从特殊到一般的反馈机制，得吸收发展中国家的新经验，不能只是从一般到特殊地学习推广机制。

专家关注可能有偏误，荷兰阿姆斯特丹大学的丹尼尔·缪格（Daniel MÜgge）教授指出了这种偏误风险。他在《国际经济统计——全球事务的有偏仲裁者》中对相关的四大偏误做了开拓性论述。

在一般统计学原理中，统计偏误并没有从这个角度被认识，可见需要经济统计学深入研究，以补充认识。在国际经济统计中发现新的偏误，就像英国画家到澳大利亚遇到新树种一样，需要打破"想当然（take for granted）"的做法，得把联想深入下去，在一般和特殊之间双向转换和持续提升，才可能更接近真知。

刊发于《中国统计》2019年第12期

残疾人，还是"能障者"?

—— 社会测度推进之前的正名

2019年11月23日，南京特殊教育学院的凌亢教授在上海组织了第四届"残疾人数据科学研讨会"，我很荣幸与会做了大会发言，我主要讲了三方面的想法。

一、强烈建议改称"能障者"

我从内心里不喜欢或者抵触"残疾人"这个称呼，从"残废"改成"残疾"固然是进步，但还不够，还应该继续展开讨论，还需要深入思考。

1.人的能力（体能和智能）本质上是多元的，机能受阻大多只是结构性的，除非到了植物人的程度。所谓"残疾人"特殊群体，绝大多数只是某些能力丧失，或者更准确地说，某种能力的丧失程度超出了临界点，例如失聪或失明等，从而需要特殊关护。概括而言，这个特殊群体应该是"机能受阻者""需特护者"，或可简称"能障者"。

2.个人参与生产活动往往需要搞专业化，而在生活中则应该全面发展，二者存在多种组合的可能性，范围上前者较窄、后者较宽。即便没有障碍，也并不需要将所有机能都发挥出来。因而，所谓"残疾"对人并不是全面的限制，认识到这一点，对测度重心的把握非常重要。

3.综合来看，就人的能力不可言"残"。换言之，人无完人，即无人不"残"，这样"残"字就失去了特指意义。有这样一个比喻，上帝关上了一扇门，就必定为你打开一扇窗，即某方面能力的丧失，可能意味着另一方面能力的强化，此伏彼起。创新性成长的关键在于：发现那扇对个人而言潜在的窗。天才往往与常人不同，牛顿、贝多芬、荷尔德林、尼采、爱迪生、梵高、华罗庚、纳什、霍金等，让我们震惊的不仅仅是他们的特异成就，更是他们所付出的格外抗争。历史上这一座座伟人丰碑，不禁让我们困惑：所谓残疾，是不是贡献超出常人的必要条件，抑或是其后果？难道真的存在这种"必要之恶"？

4.机能障碍往往具有阶段性特征，并不一定贯穿全部人生。有的人天生功能受阻，过后可能得到修复或弥补，也有的人后天才遭遇困扰。由此我们需要动态地看待和对待"机能障碍"，既不能放弃机能恢复和弥补，又需要努力提防其发生。

5.机能障碍不仅仅是生物性的，还包括精神性的。比如"孤独症""抑郁症""自闭症""精神不正常"等。自闭症患者被称为"星星的孩子"，据说每160个孩子中就有一个自闭症患者，其中有的孩子表现出超人的能力，如绘画、音乐等。需要深思的问题在于：其他人是否也具有其他不同种类的天才潜能呢？我们怎么知道他们的世界单调孤寂呢？子非鱼，安知鱼之乐，安知鱼之不乐？如果他们能够自己平静地生活，为什么非得强迫他们打开自己的世界呢？

对所谓正常人来说，交往也是个需要扪心自问的问题：瓦尔登湖虽然美若仙境，然而到底可以居住多久？作为社会动物，不同的人需要的社交调节时间不同，在测度实践中，很难将孤傲独居者与孤独症患者截然分开。再看而今中国快递盛行，其最大的负面效应究竟是什么？有的人认为是便利门店被淘汰，而我觉得更是宅男、宅女的大批养成，这种呼风唤雨的便利极大地改变了人的行为方式，到底能毁几代人？网上流行着一个巧译中英文的佳句，"有你的快递（you need cry, dear!）"，我倒真心以为，整天宅在屋里，对外联系只靠收发快递，虽无碍于社会，却的确"需要哭出来"——为孤寂空虚单调的生活。

二、为什么应该正名?

并不是刻意咬文嚼字,分寸感在学术进步中相当重要。从实践视角看,名正,则"能障者"数据科学的事业顺。

1.文明社会对特殊群体应该表现出足够的尊敬,"残"字划定了一个低位身份,否定意味还是偏多。社会绝不能居高临下地向"能障者"提供关护。与此同时,所谓正常人还应该抱有敬畏之心,感恩于命运:让自己在人生的一段时间内能够免于"能障"。其实,西方也讲究名正言顺,对"能障者"的称呼也是越变越好:crippled、the disabled(这个词否定意味较多,现实中最多只是 partly disabled!)、handicapped、physically challenged(这个词很谦卑,但有些片面,恐怕还需要加上 mentally challenged)。

2.便于把握好关爱的"度":既不能推脱社会责任,又不能全面否定该特殊群体的生产能力和生活能力。从综合视角看,"能障者"未必弱势,所谓正常人不应该强势介入"能障者"的生产和生活,过分则将出现负面效果。

3.便于更好地测度和分析"能障者"数据,这个特殊群体的边界是模糊的,而且是动态的。是否达到了功能障碍的程度,需要认证,不同类别的人群之间客观上存在着利益博弈,事关社会公平。不同社会的认证标准不同,还将影响到"能障者"数据的横向比较。需要强调的是,社会经济现象的模糊特点在这个领域表现得尤为突出,这种"模糊不确定性"不同于"随机不确定性",无法简单地套用数理统计模型,而需要借鉴模糊学的思想,进行社会科学的深入和系统研究。

4.便于重视开发结构化数据,在总量数据的基础上提升。从原因视角区分先天性能障、因病致障、因老致障、因贫致障、因事故致障、因环境致障等类别,开发结构化数据有利于减少"能障"发生、提升关护效益,充分利用有限的社会资源。在这个问题上,需要汲取经济活动中"GDP

中心主义"的教训。

三、"能障者"数据科学可续发展的格局

科学研究和社会实践，视角独特非常重要，但格局把握更加重要。中国现代国家治理能力体系的建设，应该是"能障者"数据科学发展最大的背景。

"能障者"数据科学是现代社会统计的一个分支，但它不单单是一个专业性的社会统计，由于"能障者"往往是家庭和单位乃至社会的关护重心，所以，开展此项工作意义重大，往往会对提升社会福利具有相当大的乘数效应，会拉动整个社会统计和人口统计的显著提升，会对提升整体社会文明做出超值贡献。

形成"能障者"数据工作和科学可续发展的格局，需要特别注意以下几点。

第一，特殊领域如何与现代数据科学结合，网外"能障者"群体的信息如何收集，需要针对不同类别进行专门的调查工作。社会发展了，"能障者"的总数未必减少，反而可能增加，结构上也会发生重大变化。特别是精神方面的、老年人群的"能障"都将是增加趋势，需要引起社会的特别重视。

第二，尤其注重测度"能障者"对社会生产的贡献。"能障者"中相当一部分人其实是国家建设的生力军，生活之中这样的典型例证很多：千手观音所表现的常人很难给出的精神之美，《推拿》中所表现的失明推拿师的专业贡献，由东北财经大学"轮椅博士"吕洪良先生创办的《经济时空》学术网站……不胜枚举。究竟应该如何估价其产出的社会价值，对现代社会统计提出严峻的挑战。

第三，在测度关联产业（现代养护实业发展和市场机制与信用养成）时需要注意数据的分类（老人、婴儿、孕妇产妇和"能障者"）处理。在中国社会福利水平的提升中，部分"能障者"的养护工作需要构建特别的

数据基础。

第四，志愿者和"能障者"关护工作的绩效测度。参与对"能障者"的关护，对参与者本人的精神升华，对社会形成彼此关爱的氛围和良好的社会信用，都有难以估量的正效应，绩效测度中需要对此因素进行适度的考量。

第五，拓展国际视野，借鉴发达国家的经验和教训。发达国家在公共产品的提供上比我们先行，发展过程中数据如何收集、如何发挥作用，都应该且可以从正反两个方面认真地加以学习。

第六，我们当然应该注重发扬东方文化在关护"能障者"群体上的优势，因此在测度中就需要关注这种优势所带来的正面效应，让这种潜在文化因素的贡献显化。

总之，"能障者"数据统计是一项需要长期坚守的基础性工作，应该形成分组足够详尽的动态时间序列，如果能够达成这个目标，便是一项功德无量的事业。感念于此，谨以我的初步思考向凌亢教授团队这些年来的持续努力表示敬意！

刊发于《中国统计》2020年第1期

从"薛定谔的猫"到"卡内曼的猫"

——何帆一篇札记的扩展尝试

一、

2014年11月28日,网上贴出了一篇何帆札记:《凯恩斯的猫》。何帆先生首先概要介绍了那个著名的思想试验:"薛定谔的猫"。随后便展开了自己的思想畅游。

"不太严格地借用薛定谔的思想,我们可以构想出另一种佯谬:凯恩斯的猫。很多人都把凯恩斯视为主张政府干预的代表人物,其实凯恩斯只是主张在特定的市场失灵的情况下才实施政府干预。不管了,让我们将错就错,假设凯恩斯提出,政府就像一只关在黑箱里的猫,在酝酿某一项政策。'凯恩斯的猫'可以这样表述:当我们没有揭开决策的黑箱之前,政府的政策究竟是好还是不好,我们是不知道的,它既是好的,又是不好的。只有当我们揭开了这个黑箱,政策大白于天下,我们才能知道它是好的,或是坏的。我把这种假说称为'弱凯恩斯的猫假说'。'强凯恩斯的猫假说'可以表述为:即使我们打开了黑箱,也仍然无法判断一项政策是好的,还是坏的。"

我喜欢读随笔和札记之类的东西,就是因为它容易让思想"信天游",能提供足够大的生长空间。有新意的句子能抓眼球,有时还会激发灵感。而何帆先生的这篇札记,借名人题材抒一己之遐想,给出了"凯恩斯的猫""弱凯恩斯的猫假说""强凯恩斯的猫假说"这些新概念，还其一、其二、其三、其四地进一步说明其所以然，说不定哪句话就能修得正果，为经济学殿堂添个砖瓦什么的，此等便车搭得妙！

二、

何以经济行为如此不确定呢？何帆先生给出了四种解释：其一，政府在决策的时候往往面临多重目标。其二，政府在决策的时候总是要受制于信息不对称。其三，政府总是短视的，或曰，政府的决策时域不够长。其四，政府很可能会受到利益集团的阻挠。

这四条原因概括得不错，该点个赞，再加点评论。

"政府在决策的时候往往面临多重目标。"这比较容易理解，社会生活中此类案例颇多，有一个传言能够形象地说明这一点。据说朱镕基当年出任上海市长的时候，碰到下级请示浦西浦东交通建设方案，一个是建桥，一个是挖隧道。当时中国经济盘子还没这么大，上海市的建设资金也很紧张，两样只能选一样。朱市长没有直接拍板，只是问了一个貌似不相干的小问题：只有那么点钱买粉，你们说，这粉是搽在脸上呢，还是搽在屁股上？响鼓不用重锤，以上海人的精明，马上就明白了朱市长的用意，于是，第一座黄浦江大桥就这么开工建设了。既要着实改善交通，还得借此提高政府威信，最起码一石二鸟，这事儿不正昭示了政府决策的多重目标吗？

"政府在决策的时候总是要受制于信息不对称。"这可能叫人不大容易一下子接受。现在都是"大数据时代"了，我倒是支持何帆先生的这个提法，问题的要害在于数据质量，不管是人为使然，还是客观因素，有效信息总是稀缺的，而高质量决策又偏偏离不开高质量数据。我曾写过一篇说明大数据时代挑战的文章，发表在2014年的《统计研究》上。顺势者昌，好多人愿意宣传大数据的机遇，我却更关注其挑战。大数据时代同时也就是"大噪声时代"，对决策有效的信息不易找到，干扰决策的种种噪声却能把人吵晕。貌似信息选择余地很大，拍板时却无所适从，还不是受制于信息不对称吗？

"政府总是短视的，或曰，政府的决策时域不够长。""政府决策在本质上讲都是短期决策。"这些话对我刺激挺大，提醒我逐一澄清那些诱人的幻觉。老祖宗一直谆谆教导我们应该具备宏观视野，更甭说对官员的要求了。清人陈澹然在《寤言二迁都建藩议》中赫赫然指出："不谋万世者，不足谋一时；不谋全局者，不足谋一域。"身为父母官，岂能不高瞻远瞩？为官主民，哪能没有战略规划？习惯地以为政府行为的高大上，何帆先生却把这当成"一种流行的谬误"，而且，"没有比这种幻觉更错误的了。"

仔细一想，何帆说的颇有些道理。"一届政府，在任的时间也就那么几年，你不考虑自己在任期间的政绩，反而要去操心自己下台之后的事情？""你在台上的时候，所有的眼睛都看着你，期待着你有出色的表现。难道你告诉他们，我做的事情只有到了五十年之后才能看出效果？"孔子教导有曰："不在其位，不谋其政。"闹了半天，管理规划过于长远，竟然违背了至圣先师的训诫！闹了半天，官员行为短期化，是有其隐含因由的，甚至可以说是理所当然的。闹了半天，官员一直处于"行为悖境"之中：既应该远视，又往往无法远视。这么说，绝不是拍马屁，后面会提到，其实老百姓也逃不开这种尴尬。

值得强调的，是决策取向上的一个区别：到底是"福利最大化"，还是"成本最小化"？何帆先生说："经济学家在考虑政策建议的时候，总是要计算哪种政策会带来社会福利的最大化。政府在决策的时候，首先要考虑哪种政策的成本最小。如果没有决策时域的约束，这两种思路在数学上是完全等价的，但在现实政治中却经常有着极其不同的结果。"好多官员看不起经济学家的"书生意气"，这个区别可能解释了个中原因？毕竟，成本付出往往是即时的、提前的，而福利却往往只是个"期货"，与成本之间还隔着飘忽不定的时空呢，于是便有了或然，有了风险。官员身处管理第一线，对此中差异体会更深，自然考虑成本偏多 —— 得掏多少真金白银？而书生醉心于"妙手著文章"，"铁肩"担的道义往往是敬而远之的事儿，或许，学者型官员，介于"纯官员"与纯学者之间，能将二者兼顾？

"政府很可能会受到利益集团的阻挠。"关注时政的很容易了解这一点，看美国的游说团体堂而皇之地奔走于国会山，你就知道，利益集团其实是可以在阳光下存在的，博弈公开呗。何帆先生引用了两位著名经济学家的话，振聋发聩，发人深省。J.斯蒂格勒先生指出，被管制者往往主动要求政府管制，目的是限制潜在竞争者的进入。而著名经济学家 M.L.奥尔森先生则把利益集团比作闯进了瓷器店的公牛，宁可将财富踩在脚下，也不分与别人。他们只讲阻挠太过狭隘，却忽略了另一面，与何帆先生论述的内容相比，也显得不够开阔。稍加拓展，利益集团对政府不只是"阻挠"，还会有"促使"，总体来说是企图"摆布"政府。

何帆先生认为，他所概括的四种政府决策约束"在任何时期、任何一种体制下都是普遍存在的，和体制一点关系都没有"。约束普遍存在之说我赞同，不过这些决策约束与体制还是颇有关系的：在不同体制中，这些决策约束确实全都存在，但存在的方式和程度则可能有很大不同。所谓进步或改良的体制，恰恰在于有助于打破这些决策约束，起码是部分地打破。何帆先生自己也认为："从历史的演变来看，制度不过是由一连串的政策形成的，而看似应急的政策之中，往往蕴含着未来的制度变迁的基因。"这个说法实质上就肯定了决策约束与体制的潜在关系。

三、

除了解读何帆先生的观点外，我还想到，这个思想试验能不能做个一般性扩展呢？

何帆先生是把政府作为决策主体来进行思想试验的，从而引出了"凯恩斯的猫"。我们知道，按照国民核算体系（SNA）的框架，一个经济体包含着四大行为主体，政府之外，还有居民、企业和 NGO，甚至应该看到，相对于日常交易市场而言，居民和企业似乎本是更为原生的行为主体，所以，我们应该做一般性的思考，探索所有行为主体受到的决策约束。

人类的经济行为，即选择、决策，具备不确定性，形象地看，处于黑箱之中，是那只生死未卜的猫。凯恩斯先生在政府经济作用的论述上最为著名，所以何帆先生用"凯恩斯的猫"来做政府的形象代言。那么，要研究人类行为的不确定性，该请哪位尊神呢？人们自然会想到现代经济学的新秀——行为经济学。因为 D.卡内曼教授是其主要开创者，且因其卓越贡献获得诺贝尔经济学奖，故而我倾向于请 D.卡内曼教授作为那"黑箱之猫"的名分之主。这便是我所谓"卡内曼的猫"之由来。

要是按照分析对象范围的宽窄或归属来看，"卡内曼的猫"便是"凯恩斯的猫"的一般化，而"凯恩斯的猫"则不过是"卡内曼的猫"的一个亚种。世界潮流，弘扬民主。民主，这个词儿的中文翻译挺好，直中要害。顾名思义，就不光是当官的做主，政府之外的行为主体也可以做主。行为主体各居其位，各司其职，各主其当主之事，绝不能越俎代庖。由此看来，我提倡的扩展还有其法理性。

不过，"卡内曼的猫"所受到的约束跟"凯恩斯的猫"大致相同：目标多重、信息不对称、决策时域短、利益相关者博弈。

所有行为主体的决策都面临着多重目标。就说穿衣服吧，遮羞、避寒和美观，衣服具有三大基本功能，这是我们从小就被告知的。如何穿衣服，就取决于我们如何看待这三大功能，偏重哪一个，又偏重多少。其实吃东西也是如此，对自己而言，可以为了饿吃，为了馋吃，为了营养吃，为了治病吃；对他者而言可以为了孩子吃，为了工作吃，为了交友吃，为了形象吃，为了攻关吃……种种目标，不一而足。一顿吃，可以达成几种目标，怎么选取，也得看行为者的"有效意愿"，即行为环境所允许实现的意愿。

所有行为主体的决策都面临着信息不对称。政府是一个特殊的行为主体，具备了其他行为主体所不具备的超经济权力，如果说政府都受制于此的话，那么其他行为主体则更难逃此约束。再者，大数据时代一方面给行为主体带来了信息便利，同时也带来了信息麻烦，二者孰多孰少，对不同时期的不同行为主体极可能是不一样的。还有，用于决策的信息增加了，而决策的复杂程度也随之增加了，水涨船高。基于上述理由，信息不对称的基本状态恐怕难以改变。

所有行为主体的决策时域都不够长。人无远虑，必有近忧。决策时间有限，近忧多者只能少谋那些远虑，近忧少者则得以多谋远虑。而忧虑多少在客观上受制于决策环境，主观上却取决于行为者，看行为主体分别给忧和虑的权重几何。相对而言，决策时域总是短暂的，在人生这盘大小未知的棋局中，"长考"再长，也是有其时限的。

所有行为主体的决策都面临着"利益相关者之间的博弈"。我们知道，利益集团是由利益相关者组成的，对政府而言，居民、企业、NGO，甚至不同政府部门，都可能组成不同的利益集团。利益集团摆布政府也是一种博弈，是利益相关者之间博弈的一种表现形式。同样，对其他行为主体而言，在不同的历史阶段会产生不同的利益集团，它们或共同决策，或分散决策，决策本身都是一种利益上的博弈。利益相关者之间的博弈，与摆布、促使或阻挠等相比，是一个更一般化的表述。

除了这四条，决策约束是否可做进一步拓展？是否存在第五条、第六条，还有待高人指点。

四、

"薛定谔的猫"只是人类认知的客体，揭开黑箱的盖子便可知其生死。"卡内曼的猫"和"凯恩斯的猫"则是一种社会存在，与人类共存亡。

何帆先生区分了"弱凯恩斯的猫假说"和"强凯恩斯的猫假说"，从现实看，似乎多为"强猫假说"的情形——即便揭开了黑箱之盖，也难辨好坏。正如大数据时代下，有时事后知道某项数据是信息而非噪声，有的则事后都不能知道该项数据到底是信息还是噪声。要是这"强猫假说"成立，那我们不能指望"政务一旦公开便有良治"，虽然公开政务肯定优于暗箱操作。

东北财经大学的卢昌崇教授提出，"若沿着强凯恩斯假设说开去，也许是个不坏的思路。打开盖子也不知政策的好坏，只有实行一个时期之后，乃能判断优劣。中国也注意到了这个问题，因而，一项政策或制度出台前总是先选一个小箱做个试验，即试点。可往往试点时政策是好的，推广后就失败，这几乎成了很多改革的一个特色。""评价政策的好与坏带有很大的相对性，一时看是好的，实行几年也许还是好的，可久而久之，就可能不好了，这也恰恰说明社会或制度是需要不断进化的。"

总之，行为结果究竟好还是坏？其不确定性是绝对的，而其确定性则是相对的。人类只能处于不断求解不确定性的过程中，"卡内曼的猫"如影相随，无论好坏，伴我们始终。

刊发于《经济学家茶座》2015年第2期

知否十六型

　　一个人在历史中的分量，在于他（她）的言行留给社会的文化符号。所谓大人物，就是其特有的文化符号比较多，或者其符号的刻痕比较深。

　　比如李清照，先生于我们一千来年，时光远去，可她的词还是常为国人记起。想想也是的，就连苏东坡的词都不入她的法眼，可见她在宋词中的分量该有多重！我在"文化大革命"的环境中长大，对这些高雅的文化很不在行。以我非常有限的接触，易安居士令我印象特别深的，除了那"最难将息"的十四个叠字，便是她的"绿肥红瘦"说。那一日，李清照酒酣浓睡后醒来，与卷帘人简短的对话，便引发了她的《如梦令》：

> 昨夜雨疏风骤，
> 浓睡不消残酒。
> 试问卷帘人，
> 却道海棠依旧。
> 知否？知否？
> 应是绿肥红瘦。

　　浓酒、浓睡都只因为浓情。浓情之人不只惜花深切，而且爱得智慧！她设问短迫，紧接着道出自家对花期苦短的认知，其实更是对生命的体验。我们对她的敬仰因而又多了一层。

　　当然，优秀文化不止于中国。哥伦布发现新大陆，实际上是全球化的先声。文化符号的空间传递，让地球人见识了许多世界级的大人物。为了我行文的需要，这里挂一漏万，着重说说美国国防部前部长拉姆斯菲尔德。

作为伊拉克战争的核心策划者，拉氏在国际关系史上留下了浓重的一笔。到底是流芳百世，还是遗臭万年？这里没有工夫去争论它。其实好多时候二者并没有多大区别，流芳与遗臭好多时候可以等价，只是认知者的政治立场不同而已。文人操刀，拉氏武力"解构"了萨达姆政权，却也有建构性的副产品——他贡献了更为持久的文化符号，这便是盛传一时的"知道论"。

在气氛紧张的记者招待会上，当被问到伊拉克究竟有没有大规模杀伤性武器时，拉氏憋出了那段堪称经典的"绕口令"："据我们所知，有'已知的已知'，有些事，我们知道我们知道。我们也知道，有'已知的未知'——也就是说，有些事，我们现在知道我们不知道。但是，同样存在'未知的未知'——有些事，我们不知道我们不知道。"

拉姆斯菲尔德的表述，绕来绕去，似乎不把你绕蒙就不算完。不过我们事后应该"寻思"——从懵懂中反过味来，拉氏之辩词的确值得严肃地、系统地思索一番：是不是确实存在他所说的几种"知否类型（know-unknow type）"呢？如果是，那还有没有其他的"知否类型"呢？不同的"知否类型"之间又存在什么样的区别和联系呢？这里，我在命名上采用李清照的经典表述，把"知道不知道"简化为"知否"，小小地穿越一下。

我以为，虽是政客面对媒体逼问而发的诡辩，拉氏之辩词实际上却隐含着不浅的哲学意味——里面藏着认识论的道理。客观上，拉姆斯菲尔德给出了一个划分"知否类型"的坐标系：如果把横轴和纵轴都分成"已知"和"未知"两个部分，这样两两交叉组合便构成了四个象限，分别由"已知"和"未知"的组合而成："已知的已知（know know）""已知的未知（know unknow）""未知的未知（unknow unknow）""未知的已知（unknow know）"。

坐标、横轴、纵轴、象限，这些数学概念似乎冷冰冰的，不过它们可以成为我们思辨的得力工具。不必那么高深，仅仅浅用一下，就可以方便地将事物区分出类型。别看只是在平面几何这个层级上生发的概念，对立体时空的事物也挺管用。如果养成用坐标系分析事物的习惯，动辄画两道线，"一分为四"，比一分为二还细致，我觉得其方法论之益匪浅。

比如，按照坐标轴来论说认知的事儿，我们很容易就会发现，拉姆斯菲尔德的表述还缺少一个象限——"未知的已知"，这个存在似乎可以算作拉氏对"知否类型""未知的未知"。不过，拉姆斯菲尔德毕竟是普林斯顿大学出来的，又在政坛上拼杀了这么些年，他能当场绕腾出已知未知的三种组合，已经很是了得，应该说他对认知问题的体会颇深。事实上，拉氏已经切入了知否的类型划分问题，只不过他当时没有从"知否类型"这个角度来阐述，事后也没有专门从这个角度来总结。这是不是又可以算作拉氏"未知的已知"呢？

果真存在"未知的已知"吗？我以为，答案是肯定的。试想，我们都知道这个说法："一句话点醒梦中人。"此梦中人便是明明内心已然知道某事物，自己却处于浑然不觉的状态，需要外人来点醒。在被点醒之前，那梦中人就处于"未知的已知"状态。

如果这个知否坐标成立，如果我的补充成立，那我们对知否问题的认知似乎又进了一步。然而，这事儿还没完。

知否两状态，他我两主体。可以想象，再加入认知主体这个因素，其组合还可以进一步扩展。比如，每一个象限又可以细分为四个小类型，四四一十六，这样就有了十六种"知否类型"：

"已知的已知"　　　　"已知的未知"

（1）我知我知　　　　（5）我知我不知

（2）我知他知　　　　（6）我知他不知

（3）他知我知　　　　（7）他知我不知

（4）他知他知　　　　（8）他知他不知

"未知的已知"　　　　"未知的未知"

（9）我不知我知　　　（13）我不知我不知

（10）我不知他知　　　（14）我不知他不知

（11）他不知我知　　　（15）他不知我不知

（12）他不知他知　　　（16）他不知他不知

这种矩阵式的排列，只是分析"认知类型"的一个角度。十六种认知类型，还可以从其他角度归类和概括。比如：

	知	否
自	（1）我知我知	（9）我不知我知
知	（4）他知他知	（12）他不知他知
之	（5）我知我不知	（13）我不知我不知
明	（8）他知他不知	（16）他不知他不知

知	（2）我知他知	（10）我不知他知
他	（3）他知我知	（11）他不知我知
之	（6）我知他不知	（14）我不知他不知
明	（7）他知我不知	（15）他不知我不知

这种区分也可以归结为四组：

第（1）种"我知我知"和第（4）种"他知他知"，第（5）种"我知我不知"和第（8）种"他知他不知"，这四种状态的认知主体（可能构成博弈双方）都有自知之明。前两种知道自己知道，后两种则知道自己不知道。在轰轰烈烈的"文化大革命"中，毛泽东的一封信里强调指出："人贵有自知之明。"我们这茬人从小就背熟了这句话，现在回想一下，这项"最高指示"应该具有普世价值。当然这句话也是有其文化渊源的。《孙子·谋攻》曰："知彼知己者，百战不殆。"这比毛泽东的总结早了两千五百多年，对认知优势的概括倒更为周全。

与自知相反，第（9）种"我不知我知"和第（12）种"他不知他知"，第（13）种"我不知我不知"和第（16）种"他不知他不知"，这四种状态的认知主体都缺乏自知之明，既不明白自知，又不明白不知。知而自以为不知，容易让人自卑；不知而自以为知，又容易让人骄横，这两种自知之明的缺失说起来都是失败之象。

再比如，第（2）种"我知他知"和第（3）种"他知我知"，第（6）种"我知他不知"和第（7）种"他知我不知"，这四种状态的认知主体都有知他之明，既知道对方（他者）知道，又知道对方不知道，占了"知己知彼"中"知彼"这一面，在博弈中当然应该容易处于优势。

与"知彼"相反，第（10）种"我不知他知"和第（11）种"他不知我知"，第（14）种"我不知他不知"和第（15）种"他不知我不知"，这四种状态的认知主体都缺乏知他之明，既不知道对方（他者）知道，又不知道对方不知道，不是高估对方，就是低估对方，焦距调不准，我他两茫然，估计若与对方交手，应该没啥好果子吃。

提出知否十六型，意图是构建一个认知的宏观框架。我不知道，会不会再有超出这十六个类型之外的知否？不管周全与否，对"知否类型"的了解还是越多越好。如果内心里事先明了这个框架，对认知状态的类别便可以有一个较为清晰的宏观图像，这对进一步认知微观事物会有裨益。在历史和现实之中，往往会出现不同的知否类型的组合，脑子里预先有了基本框架，也便于定位和深入理解。

在这十六个"知否类型"中，最著名的恐怕应该是第（5）种——"我知我不知"，因为它是苏格拉底的个人宣言。苏格拉底立志不著书，是他的学生柏拉图记下了他的言谈。"我知道我不知道"，便是其中较为经典的一句。正因为自知不知，才坚持认知，追求学问。苏格拉底认定知识包含一切的善，认定追求知识的意义极大。人类之成其为人类，正是在先哲的指引下探索外在宇宙，同时也探索人类认知的状态本身。对"知否类型"的认定和区分，是否也可以成为内心探索的一种方式？

都说经济学有帝国主义倾向，这话其实挺靠谱的。当代经济学发展，就和知否类型扯上了关系，我这儿也免不了就此唠叨两句。按照"信息不对称理论"，对信息富有者而言，我知我知（第（1）种），且我知他不知（即第（6）种），这种信息优势完全可以用来谋求其利益最大化。而对信息缺失者而言，则是我知我不知（第（5）种），且我知他知（即第（4）种）。在信息劣势的情形下如何交易？肯不肯为此付出代价？能不能转变信息劣势？起码缩小信息差距带来的经济损失，就是博弈时非常要紧的问题。

细究现实经济生活中的种种例子，交易信息不对称其实是一种常态，具有普遍性。倒是信息对称反而是一种非常态。想一想，我知我知（第（1）种），且我知他知（即第（2）种）；他知我知（即第（3）种），且他知他知（即第（4）种），这四种"认知类型"要组合在一起，时空恰好交汇于平衡态，该多么难得！换句话说，前面第一个"认知类型"矩阵的第一象限虽然在坐标轴构建中不可或缺，但在现实中却是罕见的。

回到本文开篇，李清照知道"雨疏风骤"之后难免绿肥红瘦，是我知我知，属于知否坐标系中的第（1）种类型。"试问卷帘人，却道海棠依旧。"由这个回答，李清照又知道，卷帘人对花期态势的不知。就李清照而言，则是我知她不知（且估计卷帘人为侍女），属于知否坐标系中的第（6）种类型，都可以在知否矩阵中找到其位置。

再回到美国打伊拉克的缘由这件事上。伊拉克究竟有没有大规模杀伤性武器？当时拉氏信誓旦旦，声称他知道其存在，似乎处于第（1）种知否类型。事后大家才了解到，美国白宫决定开战时分明是"知其不知"，其实处于知否坐标系中的第（5）种类型；而全球民众则是"不知他不知"，属于知否坐标系中的第（14）种类型。人们仅仅是高度怀疑白宫情报的真实性，极力求证拉氏的"我知我知"。拉姆斯菲尔德实在不能拿出证据，只好以军事机密为幌子，含混其词，绕来绕去，不承想竟然绕出个知否问题的线头来，被我扯住，梳理加工了一番。

时空穿越，冷饭热炒，奉上我的知否十六型。内容增加了，分类也细化了，但愿"知否型论"的结构和定位能比拉氏的"知道论"稍清楚些，若能有一点点李清照那样的透彻就更好。

刊发于《经济学家茶座》2014年第2期

统计载道　鸿蒙光大

我内心一直敬重的鸿光兄英年早逝。不幸的消息传来，惊讶，悲痛，追思，让人半天缓不过劲儿来。

在回复给友人的信息上，我写的是："鸿光兄是中国统计文化的卓越构建者。"是的，对他的追思在我内心中树起了一座丰碑，而碑文的核心正是我当时的这个即时反应。

统计到底是什么？不同的人有不同的回答。结论五花八门：数据、方法、技术、工作、工具，乃至饭碗、敲门砖。也有的相当负面，冰冷的数码、乏味的计算、枯燥的程序……其实，这林林总总的理解各有其片面的道理，固执己见并没有大错，只是别搞"唯我以是为是"便可。

一比知高下。鸿光兄浸淫于统计四十余年，以我多年跟他的接触，他对统计的理解是包容的、多元的。如果一定要概而言之，那就是他把统计看成"智慧生活的必备思维"，或者说一种文化。

在我们这一代人当中，鸿光兄对统计文化的自觉意识最强。他担任过中国统计出版社社长、全国统计科学研究所所长，以他的综合素质，任当时的国家统计局领导可当知人善任的美誉。推动中国统计文化建设，对鸿光兄来说，既是职责所在、事业所在，更是使命所在——为民众的心性养成添加统计文化的活性元素。

鸿光兄原本好书重道，国学素养厚重，又受教于中国经济统计学的重镇——厦门大学，成长于由翁礼馨、黄良文、钱伯海等名师所构建的学业环境，熏陶其中，气象乃成，他的学术眼界是开放的，从而他的职业胸怀是豁达的。对鸿光兄来说，统计学一定是有血有肉的，是接地气的，是蕴含于生活之中的。因而，统计学不仅应当在书斋、课堂、机房和办公室中研究并传授，也可以在饭中茶间偶发妙思、高谈阔论，还可以用佳酿甘醇来生发。

鸿光兄放眼海外来建设中国的统计文化。尤其是，他积极推动两岸统计学者的交流，使之大大超越了单纯专业和技术的层面。正是由于他的精心安排和诚挚邀请，中国台湾统计高人赵民德、黄文璋、谢邦昌、韦端，还有美国宾夕法尼亚大学的林共进等，为《中国统计》撰写多篇随笔，专门开辟了"海外掬粹""生活中的统计学"等栏目。鸿光兄更亲自发动大陆学者唱和，严建辉、潘璠、高敏雪、杨映霜、俞肖云等，一时间，统计文坛精彩纷呈，蔚为大观。其中，赵民德先生"凝聚毕生所学"的《万物有常，世事多变》，堪称典范。而笔者的《统计使人豁达》也凑趣其中。多年来"一本正经"的统计学灵动了起来，不单单是"没有眼泪的统计学（statistics without tears）"，还可以是令人会心一笑乃至击掌叫绝的统计学。

由鸿光兄引路，我有幸从头见证并参与了这个过程。1999 年，邵宗明会长率大陆统计学会代表团访问中国台湾，鸿光兄格外给自己增加了特别使命：为中国统计发展"寻求新的能量、新的元素"，让统计鲜活起来。英雄之见一出，知音热烈响应，揭开了被戏称为"海峡两岸统计新文化运动"的帷幕。2014 年 8 月，在为我的统计随笔集作序时，鸿光兄欣然回顾了当时的历史场景。2010 年 9 月，中国统计出版社将六十多篇统计随笔编辑成《生活中的统计学》，鸿光兄亲笔作序，作为向世界统计日的献礼，实乃十余年"统计新文化运动"的一次成果检阅。

鸿光兄参加工作时正值国家统计百废待兴之际，应该说，此时人们的选择非常容易偏重"形而下"的硬举措，像统计载道文化传承这种"软实力"建设则往往被束之高阁，通常是到了气闲神定之时方才可能得到人们的重视，而鸿光兄发新象于混沌之间，足见他高瞻远瞩、引鸿蒙光大之独到手笔。

　　鸿光兄的生命长度固令人垂首生憾，然他人生的丰度却让我们由衷地钦佩。他自有生花妙笔，却把精力专注于统计文化建设的宏观谋划和操盘，他独辟蹊径开格局，他创造条件造平台，他鼓励后进思前贤。他自己的署名文章不是很多，却用一以贯之的担当换来了更多学者的统计文化精品。一生为一使命来，鸿光兄屡屡强调"统计载道"，以他的厚德和睿智，可知此使命于他实属最佳人选。

　　文化建设未有穷期。以后如若我们体会到中国统计文化强大的精神存在，我们自当知道这里凝聚着鸿光兄的毕生心血，我们自当景仰鸿光兄作为卓越构建者的历史丰碑。

邱东记于 2016 年 12 月 19 日

花甲乎？化佳乎？

中国统计出版社成立60年了。花甲乎？化佳乎？

对于个体生命来说，60已是花甲之年，虽然如今人均期望寿命大增，有人主张到65岁才算告别青年，不过毕竟年岁不饶人，身体再棒也难逞少年之勇。然而，对一个机构来说，特别对容易长成百年老店的文化机构来说，60岁恐怕正是基业渐入臻境的好年华，这就是"化佳"二字的由来。

出版社主张文化，本来是题中应有之义，但对统计出版社这样的专业社而言，倒还真需要些许的远见、勇气和坚守。因为评价一个机构的水准，不是看它的规定动作如何，而是瞧它的自选动作怎样。

人们提及统计，恐怕鲜能将之与文化联系起来，无非是从算盘到计算机，加加减减而已。技术登峰造极，便是模型和软件，"手册（handbook）"流行，然"脑书（headbook，这个单词是笔者特意创造的，不是打字错误）"缺失。社会上喜欢统计的人也不多，习惯把自己当成统计的"局外人"。发达与不发达之别，恰恰在于巧实力，在于文化，在于精神，统计文化便是其中不可或缺的组分。当然，文化的成长属于公共产品，需要积累，需要担当，正是凭借这方面的长期贡献，中国统计出版社成为我们的精神家园。

需要统计年鉴、统计教材时，人们习惯到中国统计出版社里来找。可翻开出版目录，《生活中的统计学》《无处不在的统计》《趣味统计》《漫游数据王国》《探访随机世界》《统计使人更聪明》……迎面扑来的是统计文化的春风。读小品而启蒙，闹了半天，统计就在我们身边，看似机械、冰冷的统计居然与我们休戚相关。

市场经济初级阶段，向"钱"看的风气浓烈，可统计出版人却木讷地"背道而驰"，视培育统计文化为己任。除了统计随笔等思想性读物，还成系列地选译外国优秀统计著作，还有中国学者的《统计百家丛书》《经济统计前沿文库》等。出版这些"赔钱货"，眼下肯定费力不讨好，却为中国统计学科和工作发展奠定了坚实的文化基础。白纸黑字，薪火相传。

我本人有幸与中国统计出版社打交道，30多年了，从纯读者到读者作者得兼。我人生的第一部专著就是中国统计出版社为我出版的，一篇硕士论文，在20世纪80年代得以正式出版，实在非同小可。记得中国台湾一位学者看到后惊诧不已，感觉大陆的确重视学术。如果说我这大半辈子还有那么一点统计心得，那么，中国统计出版社的支持和鼓励功不可没，尤其在起步爬坡阶段，没半途而废，也得感恩于统计出版社这个强大后盾。我的第一篇统计随笔也是时任社长谢鸿光先生的点兵之作，还有严建辉、徐辉、杨映霜、张玉妹等，诸良师益友，把我引导到了如此美妙的统计文化之境。回想起来，自认与统计社、与统计文化福缘不浅，且前景堪喜。

（邱东应邀为纪念中国统计出版社建社60周年撰写的补文，2015年5月）

附　录

经济统计学：从德国传统到当代困境

摘要：从经济统计学历史各流派中概括出四种学科范式和三种主要学科观念，进而从基本算法、指标和测度悖律三个方面阐述本学科的基本问题和约束，再从现代经济学的母学科背景来分析经济统计学的当代困境，最后从外生与内生、结构与层次两个方面做出学科展望。

关键词：学科范式、指标、经济测度、国民核算、外生发展与内生发展、学科层次

本文是对经济统计学的学科概述，包括以下八个部分：（1）经济统计学的范式转换；（2）经济统计学的三种主要学科观念；（3）经济统计的基本算法及学科意义；（4）三类指标及其约束；（5）经济测度悖律；（6）现代经济统计学的研究重心：经济增长还是社会福利？（7）经济统计学发展：外生与内生；（8）经济统计学的发展：结构与层次。

一、经济统计学的范式转换

经济统计学的发展经历了德国的"国势学"范式、英国的"政治算术"范式、欧洲的社会统计范式、欧美的现代国民核算范式等。所谓学科范式，无非是对学科相关问题在其必要性和可行性及其关系上的系统考量和基本设定。（邱东，2014）我们不仅应当了解学科发展中的历史事件，

更应当深入探讨各种经济统计学说之间的逻辑关系。

1660年，德国的"国势学"范式（或可称为康令（H.Conring）-阿亨瓦尔（G.Achenwal）范式）开启，它值得关注的是以下学科特点：（1）确立了统计学的学科名称；（2）确定了学科对象，从宏观角度研究国势，经济研究与社会关怀相结合而非分离，这应该是福利测度始终与国民核算相纠结的缘起——统计学科的德国传统；（3）采用了人类三大心智工具的两种，即文字和图表，作为本学科的基本工具，后者为其"图表派"所倡导的表记统计（tabellen statistik）；（4）其"比较派"确立了对比分析（特别是国际比较）作为学科的基本方法。

比国势学稍晚的是英国的"政治算术"范式（也可以称为配第（W. Petty）-格朗特（J. Graunt）范式），这个范式的革命性意义在于补足了数字这一心智工具，且确立了数量指标作为学科最基本的方法，在于学科方法论基础的奠定。不过有两点需要特别指出：第一，数字作为基本工具并不具有唯一性，数字不可能完全替代文字和图表，指标公式不能自我解读，其前提和结果都需要文字和图表参与表达。第二，人们往往忽略了配第在采用数量工具时伴生的一个举措，即将不能进行数量分析的事物搁置于学科框架之外，笔者将之概括为"配第切割"（Petty dissection）。

从19世纪后半叶开始，社会统计学范式（也可以称之为"克尼斯（K.G.A.Knies）-恩格尔（C.L.E.Engel）-梅尔（G.Mayr）"范式）兴起。这个范式是对"国势学"范式和"政治算术"范式的综合，它接受了政治算术工具，但更加坚持德国"国势学"的学科传统，甚至朝"实质性学科"的方向发展，不仅要用数量指标研究现象，还要研究现象内在的数量规律。这个思想对奠定经济统计分析方法的经济学理论基础非常重要，而且，在学科分工尚未细化的格局下，也满足了当时的社会需要。

20世纪50年代至70年代，"现代国民核算SNA"范式（也可称为"凯恩斯（J.M.Keynes）-斯通（R.Stone）"范式）创立，对相关理论和方法做出开创性贡献的经济学家R.弗里希（1969）、S.库兹涅茨（1971）、J.R.希克斯（1972）、W.里昂惕夫（1973）、J.H.米德（1977）、R.斯通

（1978）先后获得诺贝尔经济学奖，被称为经济统计的"黄金30年"。SNA经历了1953年版、1968年版、1993年版和2008年版四次重大修订，范式影响至今。SNA的革命主要在于：（1）借鉴企业账户方法用于宏观核算；（2）采用"综合生产观"，拓展了核算边界；（3）在国民收入统计现代革新的基础上，纳入了投入产出核算、资金流量核算、国际收支核算和资产负债核算，实现了经济存量和流量的体系化核算。

应该看到，SNA设计和改进都延续了"配第切割"的做法，斯通等学科大师洞悉不同核算内容的难易度差别，他们没有把社会和人口核算纳入SNA，而是另外设计了社会与人口统计体系（SSDS），这样就容易确保宏观经济核算系统的成功。

第二次世界大战后至20世纪90年代，在计划体制国家实施的是物质平衡表体系MPS，可以说，MPS实质上是社会统计学范式在20世纪的延续。在市场化改革的大背景下，由于单一经济（交易）主体的设计（肖红叶教授强调指出了这一点），且由于生产范围过窄，不合现代社会的核算要求，MPS被弃用。

二、经济统计学的三种主要学科观念

从不同范式的转换可以看到，经济统计学是一个不断发展中的"知识传统"，如何从学科的角度概括其350多年来的发展？不同的学者有不同的认识。概括起来主要有三种学科观念。

一种学科认识是把经济统计学作为研究经济数量规律的社会科学分支，即"数量规律说"。其优点是强调经济学理论对测度与核算的基础作用，强调经济统计方法论研究与各经济学分支的密切结合，强调经济统计学的社会科学属性，主要是德国社会统计学范式的思想延伸。

但问题在于，按照这个思路建设学科，测度与核算经济现象的方法论难以开展一般化和系统化的横向研究，经济统计学作为一个经济学分支学科的独立性难以落实。"数量规律说"忽视了现代劳动分工背景下经济学科体系的内部分支关系，忽视了经济统计学的内生发展需求，缺乏学科自觉意识。在现代经济学如此繁荣发展的今天，尚存如此复杂的一系列测度与核算难题无法解决，甚至被忽视，可见经济统计学淹没于经济学学科群之中的隐患，也可见其作为专门方法论加以研究的必要。

也有学者把经济统计学视为数理统计在经济领域的应用，即"数理应用说"。其优点是强调了概率思想对经济统计的方法论基础作用，从更一般化的方法论角度支撑了现代经济数量分析。问题是有的人独用数理统计方法包打天下，完全否定经济学对测度和核算的理论支撑作用，甚至否定其他数学方法在经济统计中的应用，这既不符合数理统计产生前经济统计早已发展100多年的历史事实，也不符合当代经济统计发展的现状。

现代经济统计的方法论基础当然应该包括数理统计方法，但同时也应该涵盖其他适用的数学方法。经济社会领域远比生物等自然领域复杂，正如生物统计学的发展需要雄厚的生物学基础一样，经济统计学的发展更需要经济学等领域的知识作为理论基础，此基础的重要性并不亚于数理统计的方法基础。即便是数理统计在经济领域的应用，也应该强调"双基础"，更何况经济统计还包含以经济测度和核算为主体的内容，并非数理统计所能涵盖。"计量须较质"与"计量不较质"是经济统计与数理统计最根本的学科区别，从抽象方法还原到具象分析，必须有领域知识的指导。概率的简单应用并不能解决现存的经济统计难题，推断检验并不构成经济统计分析的充分条件，"通过统计学检验的命题在经济学上并不一定成立"（李子奈，2007），所以，经济统计学不能仅仅依附于乃至淹没于数理统计方法中，我们固然应该注重概率的应用和学科的交叉，但经济统计学尚需独立存在和发展。

还有一种学科认识，即经济统计学是以经济测度和宏观核算为主体的具有特定对象的方法论学科，是经济学学科群中的一个分支，即"特定方法论说"或"测度与核算说"。欧美专门或主要从事此方面研究的学者，比如当今经济指数方法论研究的第一人迪沃特（E.Diewert），自称为测度经济学家（measurement economist）。

"经济统计学为什么有相对独立的学科空间?"贾怀勤教授的回答是：经济体系与自然体系不同，"就描述经济系统运行理论的经济学而言，其概念本身并不具备可测度性。欲对之测量，还需要对经济学概念/名词的内涵、外延、空间和时间做出明确的、可操作的规定，这就是经济指标。经济学概念可操作化，即针对经济学概念建立起相应的可测度的指标，还要在指标之间建立起系统的联系。"（贾怀勤，2016）洪永淼教授指出：
"作为经济测度方法论的经济统计学，不仅是提供定量描述经济实际运行的理论、方法与工具，也是经济实证研究的先决条件与基础"，"经济统计学面临不少挑战，但有深厚的学科根基与巨大的发展空间，其作用是任何相关学科均不能替代的。"（洪永淼，2016）

这种学科观的优点在于，本学科的自觉意识比较强，系统的内生研究有利于总结和概括学科外生发展所产生的方法论进步，有利于经济统计方法论的实质深化和整体提升，有利于学科的层次递进，有利于为经济数量分析奠定切实可靠的测度与核算基础。而坚持此种学科观面对的局限是，此类研究将直接面对许多难以解决的测度难题和内在悖境，研究的生产率和成果的显示度都相当低，需要学者具备较高的综合素质和学科操守。如果停顿于方法手册的水平，则难以回答隐含在已有方法中的谜题，无法真正完成其学科使命——作为经济数量分析的基础。

三、经济统计的基本算法及学科意义

经济统计及基于其上的各种经济模型都源于一系列基本算法。笔者曾指出，任何数量经济模型，哪怕再高深，也不过是四则运算的衍生品（邱东，2013）。模型的拓展和深化，不过是为了更准确地表现原本极其复杂的经济关系。初心所系，总结出一套经济统计的基本算法，明确经济统计量化的基本要求，很有必要。经济统计的基本算法主要包括余值法、比例推算法、加权平均法和还原法等。

余值法也叫残差法（residual method），其依据是 $Y=f(a, b, c, \cdots)$，

如果我们已知总量值、总量与分量间的加乘关系、n-1个分量的数值，则可以推测出所余分量的数值。最典型的例子是经济周期分析，经济总变动由长期趋势、周期波动、季节波动和随机扰动四项构成，将长期趋势、季节波动和随机扰动三项从总变动中剔除，即可得到经济周期波动的数值。显然，余值法的基本要求是：（1）总量与分量间的加（乘）关系明确无误；（2）总量值和n-1个分量的数值测度无误。

比例推算法的基本算式如a/b=c/d，四个相关变量，两两比例相等，知三求一。比如在国际经济比较（ICP）中，利用匹配品的空间价格比率去推算相似非匹配品的空间价格比率（该比率在经济现实中可能并不存在），从而得到完整的基本类别（BH）价格比率矩阵，以进一步计算高层级的货币购买力比率（PPP）。在经济现实中，相关变量间的关系往往是非线性的，但在其相关曲线的某一小段里，线性推断可以得到变量的近似估计值。平均而言，线性推断可以在一定范围内替代非线性关系，估计失真的风险相对而言最小。同样，比列推算法也要求已知三变量的测度明确无误，且两两比例关系为真。

加权平均法在经济统计中应用最广，以至于在世界上100多种统计学定义中，有的学者将之称为平均数科学。加权平均法的基本算式是$X=\sum xw / \sum w$，经济统计分析离不开估计或推断，对未知变量数值，风险最小的估计就是其平均值，而权数处理则有利于更准确地估计各个分量对总量（平均量）的作用。前面提到的PPP，从计算性质来概括，就是不同经济体各基本类别价格比率的加权平均（邱东，2015），近50年来ICP的研究成果主要集中在总量方法上，也就是综合PPP的计算，在基本类别价格比率的基础上探讨如何平均、如何加权，从而产生了诸如GK法、GEKS法、IDB法、CPD法等系列方法。

还原法是在直接计算无法满足可加性或可比性时采取的一种变通处理办法，通常是加进某种同度量因素达成基本运算，尔后再剔除该因素，经济统计中最典型也最普遍的还原法处理就是引入价格因素将实物指标化为价值指标，以解决各经济分量的可加性问题，即$\sum V = \sum (VP/P)$。还原法还可以是运算的还原，即采用某种运算进行加乘处理，尔后再采用其相应的逆运算还原该关系式，比如先将关系式做对数处理，化乘法关系为加法关系，加总后再采用指数（exponent）处理还原。

仅从计算技术的角度看，上述基本算式都是极其简单的。然而在经济现实中，经济指标测度和推算正确与否，真正的难处往往并不在于模型技术的深化和拓展，即基本算法的嵌套与组合，而在于如何使得加乘处理中隐含的假设"极大似然"，在于指标经济意义的切实体现，在于两难问题的权衡取舍。社会经济意义的可加性和可比性是经济统计计算最基本的要求，也是经济统计学最基本的学问。明确模型内含的基本算法及其关系，有利于检查可加性和可比性的落实情况。基础性往往意味着颠覆性，没有可加性和可比性，经济统计的基石就悬空了，其上的所有模型构建都将如危卵高叠。模型的高深并不能替代基础的夯实，这便是总结和概括经济统计基本算法的必要性所在。数学中还有哪些算法适于经济统计分析？"迭代法"是否也适于作为经济统计的基本算法？经济统计的基本算法应该可以归纳为多少个？尚待进一步研究。

四、三大类指标及其约束

经济统计最基本和通用的工具就是统计指标，包括实物指标（physical indicator）、价值指标（monetary aggregate）和合成指标（composite indicator）三个大类。

实物指标是以实物计量单位为标准来测度经济现象的指标，比如某一经济体所生产的大豆、人均劳动时间等，主要用于微观经济测度和中观层面的核算，且用作价值指标和合成指标的基础指标。实物指标是对经济现象最直接的测度和核算，经济含义明确，这是其最大的优点，但由于不同量纲的影响，不同实物指标无法加总得出总量数据，即存在"可加性问题（additivity issue）"，无法满足宏观经济分析的需要，应用场合局限是实物指标最大的不足。

　　价值指标是市场交易和货币发明的一个副产品，虽然各种实物和服务的量纲不同，但如果以价格作为同度量因素（同时也是权数，笔者将之概括为"偏好"的数量表现），分别标示出其交易量值多少钱，就可以相加在一起，就可能得出具备充分经济意义的总量数据。采用价格工具解决"可加性问题"，相对于实物指标而言是一个巨大的进步。

　　然而，天下没有免费的午餐，价值指标又面临两个基本挑战：一个是纯价格测度的难题。引入价格后得出的只是名义价值指标，包含了价格的差异和变化，而经济分析的重心在于实际价值指标，这就需要将名义价值指标中的价格因素剔除。然而其中充满了测度风险：如果高估价格因素，将低估物量（volume），反之则反是。另一个基本挑战是无标价经济活动的核算。标价交易并非经济活动的全部，对不存在市场价格的经济活动，如地下经济、以货易货等，核算其价值总量需要预先估计其"价格"，而这是一项非常艰难的任务。

　　作为经济统计的核心指标，GDP已经在全世界通行了70多年，世纪相交之际，美国一批著名经济学家在总结经济统计历程时将之评价为"20世纪最伟大的发明之一"。然而，尽管经济意义重大且计算技术简单，GDP指标仍然存在着迄今尚未解决的一系列测度难题，这可以概括为以下五个方面：第一，指标要素与指标的可测度性问题。比如"广义政府"服务的微观分量，再如地下经济产值。第二，指标边界两可状态下正负效应的制衡问题。比如，居民户家务劳动是否算产值。第三，GDP内部不可分事物的切割问题，比如经济结构分析中所必需的消费和投资划分。第四，测度和核算与估算之间有其区别，经济统计中存在着孰优选择问题。比如，如何扣除"固定资本消耗"，将估算添加到原本的测度中，从而涉及GDP与NDP孰为核心指标。第五，指标项目间的"约当量"确定与可加性问题，比如"绿色GDP"中环境和资源的定价问题。

　　合成指标正是针对价值指标的困境而提出并发展起来的。合成指标采用多个维度（构成指标）描述评价对象以求全面性，并用平均方法合成各构成指标以求整体性。与寻求同度量因素的思路相反，合成指标逆向操作，既然连价格都无法涵盖所有经济活动，无法通用，干脆就把各构成指标的量纲统统去掉，即通过"无量纲化"演变成相对数评价，以此解决宏观可加性问题（邱东，2012）。概括其计算性质，合成指标即统计相对数的加权平均。自社会指标运用以来，特别是由于人们对经济福利测度的重视，合成指标成为一种主流指标方法，成千上万种合成指标盛行于全世界，最著名的比如"人类发展指数（HDI）"。

然而，合成指标同样隐含着重大缺陷。当人们设计出某个合成指标时，即确定了总指标与其构成指标之间的数量关系，也就确定了各构成指标之间的约当数量转换关系。以人类发展指数为例，人均GNI一定量的增长与人均期望寿命（或教育水平）一定量的提高等价，这种"当量转换"关系的社会经济意义何在？依据的时空一般性如何？无量纲处理仅仅解决了数学上的可加性问题，但这并不能自动保证同时解决社会经济意义上的可加性问题，尚没有充足理由认定这两种可加性彼此等价。

"当量转换"是经济统计学中的一个基本概念，其实，价值指标所用的价格也是"当量转换"的一种特殊形态，即采用市场交易标准来确定变量之间的约当数量。总之，三大类指标各有其优点和缺陷，各有其相对适用的场合和条件约束，不存在完美的指标方法。

五、经济测度悖律（antinomy）

经济学是致用之学，不仅要讲数理和物理，而且应该讲心理，特别是必须讲求"事理"，即经济学的社会科学属性。从事经济测度是为了认识和改变社会，这就决定了其受制于经济现实，不能沉溺在抽象的数理世界里，也不能用物理规律代替"事理"规律。经济现实极其复杂，对经济测度的不同制约往往使之处于两难乃至多难的境地。据笔者总结，主要有以下七个经济测度悖律。

1.经济测度的边界悖律（邱东，2012）。并不是所有经济现象都可被测度，人类测度能力有其局限，一个社会用于测度的资源也有限，故经济测度有着本体论、认识论和操作意义上的三种边界。然而，社会各界对经济测度的无度需求却往往超越了测度边界，每每造成无限知情性与有限可知性相悖的格局。

2.经济测度的中性悖律。测度对被测度事物应该是中性的，从而成为人们的客观认知工具。然而，经济测度本身是一个社会过程，测度行为与非测度行为难以截然分离，二者之间存在着自反性；同时，测度所依据的理论是非中性的，这些都标志着经济测度相对于社会过程的内生性。测度应该中性却难以达成中性，客观反映的要求与工具指向性相悖。

3.经济测度的定格悖律。被测度对象总是处于不断的变化中，且这种变化往往是连续的，即事物间的边界可能是模糊的。然而，经济测度必须赋予被测度对象特定的时空标识，即需要假定其静止且可分，如同电影拍摄中的"定格"处理。这导致了静止与变化、离散与连续、主观与客观相悖的情形，测度的定格特性与对象的连续变化性相悖。

4.经济测度的标准悖律。测度需要刚性标准，以保障其结果的法理性和权威性。但是，不同时空的经济条件不同，所适用（可用）的测度标准可能不同，不同时空中人们对测度标准的认可也不相同，标准高低与测度可实施范围的大小成反比，标准的普遍性与特殊性之间、改进标准与遵守标准之间、标准的刚性与弹性之间相悖。

5.经济测度的真实悖律。从社会一般认识看，对经济测度的第一位要求是准确性，即能客观反映所测度事物的真实数量态势。然而，许多经济现象是"真值不可知"的，真实只能是相对的，测度只是对真值的逐步逼近，我们只能通过不同方法的比较，通过数据结果的相互印证，通过逻辑关系的判别，得出当前测度条件下的"最优"值。要求真实，囿于经济现实却无法确保真实，二者相悖。

6.经济测度的得失悖律。经济测度属于公共产品，其有效供给与有效需求应该匹配，一定测度资源条件下，不同事物之间的测度力度成反比，测度的深度与事物的可测度性成反比，测度精度与测度结果的意义空间成反比，测度强度与测度结果的可识别性和公众的理解能力成反比。总之，经济测度中的得与失之间往往相悖，经济测度并非多多益善。

7.经济测度的民主悖律。经济测度应该是现代社会中人们落实知情权以追求民主的工具。然而，作为以公允面貌出现的知识工具，测度具有"自强化性"，人们可能对经济测度越来越依赖。测度方法和技术完全可能成为某些利益集团的寻租工具，其中包括测度者的职业获利，从而形成公众难以反抗的信息专政态势。经济测度的民主作用与反民主作用并存且相悖。

充分认识种种测度悖律，我们不应该仅仅从数理上把握经济测度，而应该在"事理"上深化数量认识；对各种经济测度方法和结果也不应该过度解读，而应该把握好测度有效供给与有效需求的匹配。

六、现代经济统计学的研究重心：经济增长还是社会福利？

SNA的产生和发展并没有终结经济统计学的发展，究竟是以经济增长还是社会福利作为测度与核算的重心，又如何实现测度与核算目标？这些根本问题始终困扰着经济统计学人。

配第开创了他自己所说的"政治算术的一个范例"，"采用了数字总量或者尺度的词汇来表达自己想要说的问题，只进行能诉之于人的感官的论证和考察，在性质上有可见根据的原因，至于那些以容易变动的思想、意见、胃口和情绪为依据的原因，尚待别人去研究"。这句话的后段表明，配第一开始就意识到了存在着部分社会现象不可量化的风险，也即数字工具的应用边界或局限性，因而进行量化需要事先切割：究竟哪些可以作为量化对象进入政治算术的边界？而今我们测度与核算遇到的种种挑战，往往涉及了究竟如何进行"配第切割"。

随着经济的发展，经济增长在测度和核算中的重要性反而降低，而社会福利得到了更多的重视。在"社会指标运动"以来的各种社会压力下，人们开始寻求对SNA的超越甚至替代。SNA本身也不得不包含更多的核算内容，1993年SNA采用"中心框架+卫星账户"的模式，既顺应了社会对测度与核算的扩展诉求，又坚持了"配第切割"的基本精神。

在SNA之外，福利测度的指标林林总总。20世纪90年代，资源与环境核算又提到议事日程，可持续发展测度蔚然成风。2009年，J.E.斯蒂格里茨、A.森和J.P.菲图西主持完成了一份测度研究报告（笔者称之为"SSF测度报告"），是对经济测度问题的一个最全面的总结。"SSF测度报告"系统归纳了经济测度存在的问题，提出了改进原则和建议，总目标概括为超越GDP（beyond GDP），这是要开启新的测度与核算范式。根据经济统计学发展的主要范式、演变轮廓，笔者自画了一个框架图（见图1）：

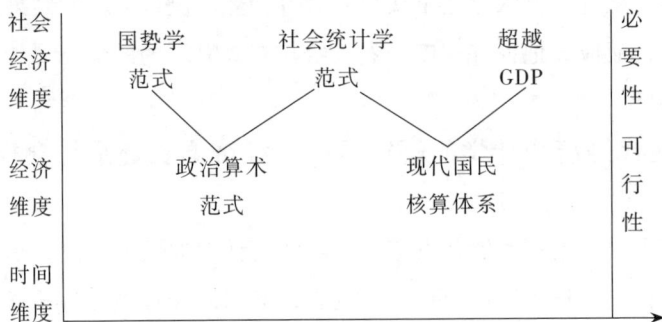

图1　经济统计学发展大势——"未完成的W"

图1告诉我们，经济统计学不同范式的重心不同，国势学范式和社会统计学范式更强调必要性，着眼于社会经济维度，视野更宽；而政治算术范式和现代国民核算体系范式则更强调可行性，着眼于经济维度，视野较为集中。超越GDP的企图则要向德国传统回归，将之与前四个范式放在一起，从时间维度看构成了一个"未完成的W"形状，这便是经济统计学350多年的大势走向。

GDP及其所代表的现代国民核算范式能否被超越？学科的W形发展能否完成？"SSF测度报告"中"应该做什么"讨论得多，"能够做什么"讨论得还不够，问题与建议之间还存在着逻辑断裂，经济统计学解困尚需时日。如果将之置于经济学科背景中，这也不难理解。

现代经济学存在两大基本倾向，一是研究内容跨学科扩展，涉及社会、法律、环境、心理等领域——所谓"经济学帝国主义"倾向。二是脱胎于物理学的研究方法硬化——数学化和物理学化倾向。这两个基本倾向造成了经济统计的内在悖境：所涵盖的内容越多，不可量化处理的成分就越多，精确化处理的可能性就越低。而精确化处理的要求越高，所能测度与核算的成分就越少，需要用估计来替代测度与核算的成分就越多。可见，经济统计学的困境内生于其经济学母体。

七、经济统计学的发展：外生与内生

所谓外生发展，就是由相关学者在学科领域外进行某项工作时，提出方法的改进或创新，并结合其工作完成了所谓跨学科的发展。这种研究更侧重于问题的纵向联系，往往是单项的方法论研究。

从外生角度所进行的经济统计学发展，至少可以包括以下重要内容：（1）为实际问题的解决，对现有统计方法的评判，包括对其缺陷的发现或质疑，或对统计方法自身的改进。（2）对采用某统计方法所需条件的分析，如对数据的要求，再如对方法所内含假设前提的分析，或假设条件放宽后对数据分析结论的影响等。（3）对所得数据如何进行分析以得出正确结论的研究。（4）信息社会中统计数据的选择使用；统计数据的再开发。（5）对统计方法应用场合或范围的探索。（6）对不同统计方法应用于同一事物分析时的比较研究。（7）不同学科间方法交叉应用可能性的探讨。

所谓内生发展，就是在本学科领域内进行的学科理论与方法论的改进、创新和发展。经济统计学的内生发展，往往出于学科理论和方法论范式建立和扩展的需要，是社会分工在学科发展上的体现。内生发展专注于不同经济问题所体现的测度上的共性，着重从横向上扩展实证分析的方法论体系，较为系统化。

从内生角度所进行的经济统计学研究，其内容至少应该包括：第一，对专门经济统计方法的系统研究，如J.费希尔《指数的构造》研究，S.库兹涅茨关于国民收入方法论的研究，M.A.柯普兰资金流量分析的方法论研

究，邱东、苏为华等人分别对多指标综合评价方法的系统研究等；第二，
国民经济核算体系的研究，侧重于体系内部的一致性，不同分支统计学在
体系内的协调等，以SNA为核心内容的几十部国民核算著作就是这种研究
的充分印证；第三，经济统计学说史的研究，R.斯通的《社会科学中的英
国实证者》、A.瓦诺利的《国民核算史》等就是此类研究的突出成果。

一般而言，经济统计学的内生研究内容非常广泛，分布在学科的各个
研究领域。比如，国民账户理论、综合评价方法、生产率统计、投入产出
分析、收入测度、财富测度、资源统计、环境统计、社会核算矩阵、国际
比较统计、经济统计学科论、经济统计学说史等。

应该指出，经济统计学的外生发展和内生发展是相辅相成的。在经济
统计学的发展过程中，外生发展和内生发展互动的事例很多，比如，美国
经济学家M.A.柯普兰为更科学地研究美国的货币流量问题，开创了资金
流量核算方法，从研究目的而论属于经济统计学的外生发展；而R.斯通
所带领的国际团队将资金流量核算等内容纳入国民经济核算体系，在
1953年体系的基础上创建1968年SNA，则属于国民经济统计学的内生
发展。

从学科发展的过程来看，外生发展对学科的贡献度相当之大，可以说
这是方法论学科发展不可或缺的一种重要方式，正是现实经济问题研究中
遇到的测度困难，才呈现出经济统计方法论研究的迫切性和必要性，而且
问题的提出同时也意味着存在着解决这一困难的条件和环境。

就学科两种发展方式的关系看，往往是当外生发展积累到了一定程
度，才会有学科内生发展的基础和动力，当单个经济统计方法的改进累积
到足够多时，学科系统化的工作才有其可能和必要。比如1953年SNA建
立的时候，只包括了国民收入核算，当时资金流量核算和国际收支核算等
也刚刚开创，都还不够成熟，所以到1968年SNA修订时，才有了包括五
大核算系统的新体系。

毕竟，经济统计学只是经济学学科群中的一个小分支，它的发展绝对
离不开经济学的大环境，因而在现实当中，经济统计学的外生发展和内生

发展有时往往难以区分，你中有我，我中有你。进一步区分和认识到这两种发展方式的存在，有助于更好地把握经济统计学的学科性质，也可以使学科发展处于一种较为明晰的自为状态。

八、经济统计学的发展：结构与层次

我们可以通过经济统计学专业和课程设置来把握其学科结构。

经济统计学专业可以考虑设置五个专业方向：宏观经济统计、金融统计、微观经济统计、社会统计、资源环境统计。

经济统计学专业的课程主要包括如下类别：专业核心课、专业方向核心课、"特有方法论课"、研究生课程、经济管理专业基础课、数理统计基础课等。

宏观经济统计方向的核心课程主要有：经济测度论，国民核算（含生产核算、生产率核算、使用核算、国民核算原则与结构等），收入与财富统计（含收入分配统计、贫困统计、资本核算等），国际经济比较和评价（含国际收支核算、国际购买力比较 ICP、国际竞争力评价等），宏观经济分析（含财政统计 GFS、经济结构分析、经济周期分析、季度 GDP 统计等）等。

除了宏观经济统计方法列示的核心课外，其他方向还需设置自己的核心课。金融统计方向的核心课程主要有：货币与金融统计 CFS（含资金流量 FOF、金融稳健统计等），投资风险分析，证券期货行情分析等。微观经济统计方向的核心课程主要有：商务统计（企业经济统计），市场调查与分析，产品质量控制。社会统计方向的核心课程主要有：社会统计学，人口统计学，劳动统计学等。资源环境统计学方向的核心课程主要有：环境核算，资源统计学等。

经济统计学的"特有方法论课程"主要有五门：经济指数、经济周期与时间序列分析、投入产出分析与 SAM、合成指标与综合评价、经济预测。

经济统计学研究生课程，还有经济统计学说史（国民核算史）、经济统计学经典选读、科技统计与创新统计、NIPA 和美国经济统计、中国经济统计发展、经济统计学前沿专题等等。经济统计学诸课程还可以作为经济管理其他专业的基础课和选修课。

笔者认为，经济统计学应该包括三个基本层次：

初级经济统计学首先要对经济统计的基础概念、方法与原则进行阐述。较多地关注微观构建，即经济统计方法和学理，回答如何（how question）做（测度、核算）和为什么这样做（why question）两个基本问题。

中级经济统计学要较多地关注测度和核算方法中需要注意的问题（why not question）：方法中隐含的假设及其放松后对数据结果的影响，方法的缺陷及其改进的可能性，方法的比较和选择等。

高级经济统计学侧重于学科的宏观构建，较多地关注三个问题：一是方法论的体系化构建，经济测度与核算公理的提炼，学科内在结构与层次的关联审视；二是经济统计学说史，即经济统计思想方法的时空连接；三是经济统计学与经济学、数理统计等相关学科的外部关联审视。

经济统计学的三个层次对应着正反合的传统哲学观，也对应着初构、解构和重构的现代哲学思考。当今国际组织主持制定了诸多经济统计方法论手册，以笔者的判断，这些手册大致对应于初级经济统计学的内容，而经济学界发表了许多经济统计方法论的专题研究报告和论文，则更多对应于中级经济统计学的内容，是对不同领域手册的深化、提升。但总体上看，学界还缺乏类似于 S. 库兹涅茨和 R. 斯通这样的大师级学者，经济统计学的学理体系化工作尚待开发。

主要参考文献：

［1］ KENESSEY Z. The accounts of nations ［M］. Amsterdam： IOS Press，1994.

［2］STONE R. Some British empiricists in the social sciences ［M］. London：Cambridge University Press，1997.

［3］STEVEN J. LANDEFELD et al. GDP：One of the great inventions of the 20th century ［J］. Survey of Current Business，2000（4）.

［4］VANOLI A. A history of national accounting ［M］. Amsterdam：IOS Press，2005.

［5］OECD. Handbook on constructing composite indicators—methodology and user guide ［M］. Paris：OECD Publishing，2008.

［6］GIOVANNINI E. Understanding economic statistics ［M］. Paris：OECD Publishing，2006.

［7］MCKELVEY E F（Editor）. Understanding US economic statistics ［M］. 6th ed.New York：The Goldman Sachs Group，2008.

［8］STIGLITS J E，SEN A，FITOUSSI J P. Mismeasuring our lives：why GDP doesn't add up ［M］. New York：The New Press，2010.

［9］LEQUILLER F，BLADES D. Understanding national accounts ［M］. Paris：OECD Publishing，2014.

［10］配第. 政治算术 ［M］. 陈冬野，等译. 北京：商务印书馆，1978.

［11］高庆丰. 欧美统计学史 ［M］. 北京：中国统计出版社，1987.

［12］国际货币基金组织. 宏观与微观经济学的应用 ［M］. 杨京平，朱嘉，译. 北京：中国金融出版社，1988.

［13］邱东. 国民核算史论 ［J］. 统计研究，1997（4）.

［14］苏为华. 我国多指标综合评价技术与应用研究的回顾与认识 ［J］. 统计研究，2012（8）.

［15］邱东. 从 GDP 被误解看经济统计意识的必要性 ［J］. 经济学家茶座，2015（71）.

［16］邱东. 经济统计学科论 ［M］. 北京：中国财政经济出版社，2013.

［17］贾怀勤. 经济统计学为什么有相对独立的学科空间 ［M］//贾怀勤. 贸易测度方法制度研究及专题实证. 北京：中国统计出版社，2015.

［18］洪永淼. 经济统计学与计量经济学等相关学科的关系及发展前景 ［J］. 统计研究，2016（5）.

［19］邱东. 经济统计学：从德国传统到当代困境 ［J］. 北京师范大学学报（自然科学版），2016（6）. 此文兼收入《经济测度逻辑挖掘：困难与原则》，由科学出版社于 2018 年 11 月出版.

经济测度遭遇"系统外部冲击"的颠覆性风险

——气候变化经济学模型应该得诺贝尔经济学奖吗？

经济测度是为了减少人们所研究对象在认识上的不确定性，事物自身的不确定性除了通常被关注的"随机不确定性（random uncertainty）"外，还有一个很重要的方面，即"模糊不确定性（fuzzy uncertainty）"。客观事物本身其构成存在不可截然分解的成分，当人们确定研究对象范围时，就同时将与该对象相联系的某些因素排除在外，但这些因素实际上仍然在影响着所确定的对象。笔者将其概括为"系统外部冲击"，如果我们完全忽略之，所得到的测度结果实际上会有偏误。如果偏误过大，就会造成认知的颠覆性扭曲。本文专门探讨"系统外部冲击"对经济测度的可能影响。

一、引子：实证模型优劣取决于"约等于"对"等于"的逼近度

实证研究需要经济测度为其提供数据基础，而经济测度首先遇到的问题是研究对象的边界确定，即"测度什么（what should be accounted）"？研究不能漫无边际，需要确定一个系统作为特定对象，从而也就同时产生了"系统外部冲击"问题——被划在系统外的因素对测度和实证结果的可靠性产生显在和潜在的冲击，再大的专家也躲不开这种困扰。

美国著名经济学家威廉·诺德豪斯（William D. Nordhaus）的"气候变化经济学模型"就是一个典型的例证。这里要阐述的是，即便是获得了

诺贝尔经济学奖的成果也不例外，可能隐含一种颠覆性的经济测度陷阱：遭遇"系统外部冲击"就可能面临巨大的认知风险，因而需要从经济统计学角度对诸多经济数量实证研究进行方法论层面的专业反思。

笔者一直强调经济数量方法的"机理研究"，对宏观经济统计三大主要内容（经济测度（economic measurement）、国民核算（national accounting）与国际比较（international comparison），笔者概括之为MAC）而言，不仅应该明了方法问题——"如何测度（how questions）"，更应重视高层次方法论问题——"为什么如此测度（why questions）"，尤其要警示经济测度中所面临和隐含的种种陷阱。而宏观经济统计并不是抽象的方法论研究，实证之实，首先需要确定的是研究对象，即"测度对象（the target of measurement）"或解决"测度什么"的问题。这里，气候变化经济学模型不过是一个引子，典型地说明了"系统外部冲击"所带来的测度陷阱。

从基础概念看，系统是人们认识事物的一个基本概念和方法。通过层级关系划分构建系统和子系统，可以深入地把握测度对象，将其在系统中定位，进而得到对现实世界的认知进步——更好地把握某个子系统及其在母系统中与其他系统的相互关系，而模型便是人们刻画系统和子系统数量关系的基本工具。

任何计量模型，都须具备等号。需要特别强调的是，为了把等号放进模型，为了等式能够成立，任何模型都包含了系列设定、假设和前提。笔者多次强调一个观点——假设与前提是模型有效性的边界：在假设与前提所划定的范围内，该模型有效；如果假设前提与现实差异过大，则模型所得结果就可能沦为一种对实际经济问题的"伪计量"，看似大厦巍峨，实则海市蜃楼。

测度影响对策，认知风险导致行为风险。"盲人骑瞎马，夜半临深池"，是四种风险的叠加。如果后三种（瞎马、夜半、深池）危险都出现了，那第一种危险（盲人）便是题中应有之义，即使视力尚存，也是心智有问题——选择性失明。如果真的心明眼亮，怎么会任凭那三种风险同时出现？然而古往今来殷鉴比比，先哲并非空想，而是对社会现实中"系统风险叠加状态"的一种概括性记录。

经济学本来只能是、也应该是一种有限理性，但模型表现出来的往往是貌似精确的结论。这是人们误解"科学性"使然，似乎只有精确的才是科学的；岂不知当对象本身处于模糊状态时，赋予其精确的描述，就笃定是人工雕琢处理的"赝品"。

从社会视角看，这也是模型构建和使用者的功利性指向使然，数值精确性越高，模型越受追捧。当下流行实证研究的基本问题在于，极度轻视计量模型的经济统计学基础，没有意识到或坦诚地交代和暴露其"测度、核算与比较（MAC）"所面临的种种缺陷（很多还是基因上的缺陷），听任社会各界遭受误用经济学信条及其实证结果的风险。以经济统计的基本问题为例，下面阐述经济测度所显在或隐含的"系统外部冲击"。

二、GDP"六字母公式"包含的系统外部冲击

计算国内生产总值（GDP，模型中以 Y 标示）是国民经济核算的基础，在 Y=C+I+G+（E-X）这个简化模型中，（E-X）是世界其他国家对该国的贸易差额，其数值大小隐含了他国与该国的一种外部经济联系。GDP这个"六字母公式"看着很简单，只用到数值的加减法，实质上却很难测度得清清楚楚。难度并不在计算，而在于指标边界的"模糊不确定性"，这与数理统计所强调的"随机不确定性"还有区别。正是因为 GDP指标内在构成项目的边界含混性，（E-X）才成为美国对中国经济战的第一场战役。

国家间不仅仅在贸易差额的数量大小（经济作用力度）上有争议，甚至连作用方向都不确定。如若集中关注国际交易利润流向，由于产品定价上的产业链纵向不平衡，贸易差额越大，发展中国家遭受的长期损失可能就越多。

然而，这个焦点入不了主流经济学的法眼。经济学产生和发展于发达

国家，发展中国家往往只有接受的份儿，但发达国家的经济学将自己的认知当作放之四海而皆准的结论，很少考虑到发展中国家的特殊条件，更无视发达国家给发展中国家带来的外部负面影响。在早年德国崛起时，这种经济学认知上的争议就曾产生于德国与英法之间。前车之鉴，史书言之凿凿，新兴国家切不可掉以轻心。

GDP往往是经济活动活跃程度的反映，在经济实践中未必就真能实现为"增加值"。发达国家将低端工厂向外转移到新兴国家，只是给了发展中国家打苦工的机会，退一步讲，即便国际市场的定价合理，国际交易利润也主要被跨国公司据为己有。如果再把定价中的垄断隐形获利考虑进去，发展中国家的经济身份其实相当卑微。而且，隐含在这种纵向链条中的还有另外一种成本外移，即发达国家在获得超额利润的同时，又将"非清洁生产"和垃圾等推出国门，进而在环境责任上居于道德高地。如果我们对全球价值链中的"真实链位"没有清醒的认识，如果我们对国家间竞争格局没有冷静的判断，就容易沉醉于"GDP幻觉"之中，而系统外部冲击的"漏测"为这种梦幻涂上了玫瑰色。

此外，GDP定义为增加值，但这只是一个"理论概念"，实践中需要将该经济统计的方法制度落实到位，才能达成指标设计的初衷，才能切实地反映客观经济关系。如果"中间消耗"剔除得不干净，存在漏测问题，那么GDP就难以真正测度一个国家的经济成果（增加值），这也是系统外部冲击扭曲指标的一种体现。

我们可以用直线模拟曲线之法来理解这种冲击影响。显然，如果我们用多段直线代替曲线，就可能比用一段（或少段）直线的替代更接近现实，直线与曲线的离差就不只是在平均意义上的减少。

三、绿色GDP的双重计价陷阱

绿色GDP的设计初衷是重视资源和环境因素，弥补GDP的测度缺陷。但是它的计算无非是一种"收入等价法（income equivalent method）"：在常规 GDP 上做增减调整，添加资源环境因素对经济产出的正面作用，去掉资源环境因素对经济产出的负面影响。

绿色 GDP 是否可行，关键在于对资源环境因素影响方向和力度的测度，或者说，如何给资源环境因素定价？这是第一个计价陷阱。试想，如果将环境污染因素的价格定得足够高，采用"强可持续性"原则的一票否决思维，那所有经济生产的价值都可以被抵消掉，绿色 GDP 可能为负值。这种测度结果意味着应该中止所有经济活动，此种数据指向能被社会和各国政府接受吗？

只要采取笔者倡导的"推极归谬法"，就可以知道绿色 GDP 所隐含的测度风险，究竟妥当与否，大有批判空间。这里，任何人都无法给出一个无可辩驳的资源环境因素定价，社会面临的是一个实质上没有最优解，次优解也很难确定的问题。看上去绿色 GDP 只是加加减减，但要确保"经济意义上的可加性"却难上加难，难到任何一种处理都可以被否定的程度。

绿色 GDP 的另外一个计价陷阱就是国家间的成本效益分配。资源可转移，环境无国界，这个地球还没达到只用清洁生产就能维系的地步。发达国家标榜使用清洁能源，但生产清洁能源设备时的污染却留在了发展中国家。发达国家还堂而皇之地将垃圾和非清洁生产输出到发展中国家，所以，"污染发生国"与"污染最终责任国"是两个截然不同的概念。笔者2008 年就撰文指出，贵族有钱在豪华餐馆享用烤乳猪，但没有资格指责后厨的垃圾肮脏，也不该埋怨厨师耗用食材过多。

四、SNA 的"国外"账户意味着什么？

在国民核算体系（SNA）中，包含了五个经济主体账户，即居民户、企业、政府、非政府组织和"国外"。需要明确的是，这里的账户设计从被核算的经济体着眼，所谓"国外"与人们的日常理解不同，仅仅指世界各国与该经济体相关的经济活动，至于他国国内的经济活动则并不包含其中，某外国与其他外国的交易也不在其中。

实际上，这种核算设计是做了一个假设：世界上只有两个经济体，本经济体和他者，于是，所有外部世界与被核算经济体的经济联系都归纳在"国外"账户之中。与居民户、企业、政府等真实主体账户不同，这个主体账户实际上是一类特定经济活动的集合，是"虚拟主体账户"。

关键在于，为什么SNA需要人为地设计出这样一个虚拟的经济主体账户？主要有两个方面理由：一是确保该经济体内部的经济核算平衡关系，二是确保各国核算加总与全球核算的平衡关系。"国外"账户定格了他国对该经济体的所有外部作用，这是一个非常基础性的规范定义，否则，SNA就无法成为一个平衡系统，其中的各种核算等式关系也无法成立。可见，"国外"账户在概念上保证了核算体系的完整性，如果核算结果要免于"系统外部冲击"，就需要将"国外"账户项目搞清楚。

社会现实中，国家始终是一个利益分配单位，因而也就必然是经济测度的基本单位，但是这个"国"如何来界定，却是一个需要经济统计深入探讨的问题。众所周知，在一个国家经济总量的测度中，存在着究竟遵循"国民原则"还是"国土原则"的选择。最开始国民核算的所谓"核心指标"是GNP，到了20世纪90年代，才完成了从GNP到GDP的转变。

为什么需要改变经济总量的基础指标？正是因为受到了"系统外部冲击"：由于国际交流越来越频繁，股票市场交易的国际化，原来以"国民"角度界定国家边界的方法难以奏效。经济统计从来都以可行性为基准，退而求其次，只好选择相对比较容易界定边界的"经济领土"作为"国"属划分的依据。

五、SNA"中心框架+卫星账户"模式的出路

迄今为止，国民核算账户SNA一共有四个主要版本：1953年版、1968年版、1993年版和2008年版。由于需要核算的内容越来越多，从1993年版开始，SNA采用了"中心框架+卫星账户"的包容性模式。

　　拓展反映经济现实与保持国民平衡核算，是两种相悖的测度要求。采用"做加法"的方式摆布核算结构，实际上是在二者之间搞妥协，一方面尽可能满足测度经济现实的需要，保持国民核算的对象相关性；另一方面又能达到起码的专业统计标准，保持核算体系的内部一致性。

　　问题在于，各卫星账户所针对的特定内容也需要纳入SNA核算，但又无法与中心框架的核心内容等量齐观，因为中心框架以外的核算内容并不具备经济意义上的"可加性"，只好开辟一系列核算卫星账户，作为"另册"处理，矛盾似乎得以缓解。

　　而接续问题在于，需要添加的卫星账户越来越多，每个卫星账户本身体量也越来越大，并且，越来越多的专家看重"环境与经济核算系统（SEEA）"，一直谋求将之正式列入SNA中心框架。按照这个趋势，SNA所谓的中心框架很容易失去其本来意义。当经济测度与核算的重心从经济生产转向社会福利时，资源和环境问题越来越重要，SNA原有非常精致的核算框架就难以保持其优越地位，核算相关性竟成了问题，核心地位也难以维系。

　　这是核算内容受到生产因素之外的系统外部冲击后的必然结果，出路何在呢？SNA实际上遭遇到MPS当年同样的困境，核算范围究竟如何界定？需要认真面对。所谓"超越GDP"实质上就是"超越SNA"，这属于相当大的变革趋势。斯蒂格利茨等经济学大家做了多年研究，撰写出版了两次经济测度报告。然而，在SNA究竟应该如何应对"系统外部冲击"的问题上，这两份经济测度报告并没有给出逻辑一致的解决办法，测度机理尚未真正打通。

六、宏观经济计量模型在新兴国家为什么不能照搬套用？

　　宏观经济计量模型非常流行，好多人将之视为放之四海而皆准的法宝，混淆了"能用"与"好用"。其中一个关键原因就是不同国家面临的"系统外部冲击"不同。

　　由于在全球价值链中的地位不同，发达国家与新兴国家所面临的发展约束（系统外部冲击）不仅不同，而且往往恰恰相反。发达国家可以将低附加值生产（往往表现为低效率生产）乃至非清洁生产转移到国外去，而新兴国家不仅很难进行这种负外部性转移，反而还需要承接发达国家转移出来的落后产能，作用一正一反，对整体经济效率的负面影响相当大。

　　同样的发展计量模型，在不同国家应用时所面临的要素约束不同，如何估价不同方向和力度的系统外部冲击，应该成为重要议题。对发达国家而言，由于它们处于全球价值链顶端，外部冲击或可忽略；对新兴国家而言，不仅存在"链位"相近国家对产业"机会"的竞争，还面临全球价值链高端国家的垂直式打压，外部冲击可能使得其他内部因素的影响大大减弱。采用宏观经济计量模型，如果仅仅考虑经济体内部诸要素影响的分解，模拟结果的经济意义恐怕荡然无存。

　　发达国家提高生产率，技术创新是最大瓶颈，但对新兴国家而言，并不是技术瓶颈突破了，就可能实现生产率的提高。一方面，技术创新过程受到发达国家跨国大公司的打压；另一方面，即使技术瓶颈突破了，市场推广也会受到强国的毁灭性限制，创新很难最终实现。这种市场环境方面对弱国的外部性冲击，是一般性宏观经济计量模型所忽略的，而新兴国家则需要在经济计量中重点加以考虑。最典型的例子就是华为的5G技术，在全球范围内受到美国的全力限制，这种灭顶性的系统外部冲击，对中国本土的5G技术应用会产生重大影响。

七、气候变化经济学能不能将全部外部冲击都纳入计量模型？

　　气候变化经济学是经济学学科群的新成员，也是"经济学帝国主义"的赫赫战果。作为已经在主流经济学理论取得突出业绩的学者，感召于人类命运前途，威廉·诺德豪斯教授另辟蹊径，开创了经济学家族的这一新分支。威廉·诺德豪斯教授开发了"气候变化综合评价模型（IAM）"及其衍生品，事关诸多核心计量工作，比如：确定基准表明气候变化及其幅度；将气候变化归因到诸因素，首先是自然因素（太阳辐射、大气环流）与人为因素的两分；估计气候变化对人类的影响；模拟减少碳排放对气候变化的作用，等等。

然而，需要深入辨识的问题太多：地球外部空间对地球的气候影响究竟如何？是使地球变暖，还是趋寒？相对于宇宙演变的时长而言，人类迄今所掌握的地球气候变化数据是不是极小的样本？人类真的有能力将外空间影响全部纳入气候变化经济学模型吗？地球生态系统与经济系统之间的相互作用可以"分析"计量吗？就两大系统交互动态作用的成本和收益而言，其时间和空间边界究竟如何界定？其各种分项可以加总吗？

这些疑问都应该是该项研究获得意义的基本前提，如果定义域没有明确，定义能够完备吗？如果没有明确的释义，模型的等号真能成立吗？而相对于外部冲击的巨大不确定性，模型内部具体处理得再精细又有什么现实意义？

地球在宇宙空间非常渺小，人类在太空中的地位呢？自然就更不值得一提。如果大系统与小系统极不相当，所谓"地球转暖"就面临根本性疑问了："转暖"即意味着原来存在着所谓正常的温度，根据什么做此判断？谁能具备确定地球温度标准的资格？当我们断定"地球变暖""气温升高"时，其实内在地设定了一个参照系，比如选定1765年（工业革命开始）为基准年份，将其气候选定为所谓未变暖、未升高的状态，也将其"自然化（naturalize）"和"正常化（normalize）"。这种选定是否武断，是否尊重自然和历史？

退一步看，即便地球真的转暖了，到底是人类过度消耗的后果，还是地球自身气候演变周期的趋势表现？如果是前者，又如何在发达国家和发展中国家间分配责任？如果是后者，就说明人类自视过高。当人类采取限制碳排放等环境保护措施时，其实是将地球气温的变化"人为化（artificialize）""问题化（problematize）"，似乎气候变化就是问题，就是人为造成的环境灾难。

由于外部冲击的不确定性，与任何其他气候变化的风险估算一样，

"气候变化综合评价模型"及其衍生品都必然引起争议。伦敦政治经济学院的 N.斯特恩先生、美国 NBER 的 M.威茨曼先生，还有伦敦金斯顿大学的 S.基恩先生等从不同角度提出了异议，争论主要集中在气候变化对未来、对穷人，还有对生物圈的损益究竟如何"折现"，尽管威廉·诺德豪斯教授聪明绝顶，且数十年潜心集中研究气候变化对经济的影响，但在某些学者眼中，"诺德豪斯损害函数"大大低估了人类面临的生态风险。

1966 年，竺可桢教授参加罗马尼亚科学院 100 周年纪念会时首次发表英文稿"A Preliminary Study on the Climatic Fluctuations During the Last 5000 Years in China"。1972 年，他在《考古学报》第 1 期上发表了《中国近五千年来气候变迁的初步研究》。竺可桢教授主要采用"物候方法"，将中国 5 000 年气候变化分为 8 个温暖和寒冷交替的时期。而后，龚高法、Zhang Jiacheng、张丕远、满志敏、葛全胜等学者在这个领域里又开展了进一步的研究。

中国学者的这些成果给我们的启示是：（1）通过与国外相关研究对照，可以发现全球气候变化的传导路径，而且，地球气候变化在不同地区虽有差异，但大致同步。（2）地球并非越来越暖，或越来越寒冷，而是呈现着一定幅度的周期变化。（3）中国东部的 20 世纪不是过去 2 000 年中最暖的世纪。经历了工业革命后的中国也并不比古代更热，典型的反例就是，甲骨文研究表明，商王武丁在河南猎获一头大象，表明当时河南的气温相当暖和。河南简称豫，意味着什么？

气候变化经济学研究是否参考了中国学者的上述基础信息呢？除了中国，世界上其他国家的相关信息又如何呢？"气候变化综合评价模型"的设计者应该具备"弹出地球看地球"的天外平台，至少应该具备"地球总统"的视野，然而这恰恰就是此类模型的最大短板。

退一步看，即使地球变暖了，对内陆国家、对俄罗斯、加拿大和北欧国家是不是收益大于损失？如果这些国家的净收益之和大于赤道附近国家因地球变暖的净损失之和呢？人类究竟应该怎么选择？

还可以做一个设问，如果地球进入冰河期，人类能不能尽力加大碳排放以减缓气温的下降程度？在地球气候变化上，人力和自然之力较量，谁是赢家？如果无法断定这个问题，怎么就可以断定人类碳排放是地球转暖的系统性因素呢？

总之，在地球气候变化及其对人类影响的问题上，"系统外部性"的冲击最难把握，测度的不确定性最大。

八、测度系统外部冲击的风险值得重视

且把眼光从外空间收回，即便在地球上，人类也未必就是主宰。借助工具优势，我们对很多植物和动物为所欲为，可是对微生物呢？人类敢断定自己真的占据优势吗？此次新冠肺炎病毒不就给全人类上了警醒的一课吗？

这个星球哪里就一定是人类说了算？微生物究竟是一个怎么样的存在？人类真是出类拔萃的生物，还只是微生物的寄生工具而已？有学者指出，我们愿意吃某种食物其实并非出自"己愿"，而是我们胃肠里的微生物喜欢那种食物。真要是那样，人类与外生物的边界究竟怎么划分？这远没有我们以为的那样容易，外部冲击原来就隐藏在我们的身子里！细思极恐，颠覆认知。

回到社会领域，极而言之，经济计量中没有等号。实际经济关系往往应该是"不等式"，而出于种种原因我们取巧用"等式"加以表示，因此即便我们的假设前提成立，等号（=）也不过是约等号（≈）的代理，为了简便或条件所限，我们将约等号拉直，仅此而已。模型所表达为"确是（exactly being）"的概念和关系，事实上都是"约是（approximately being）"。关键就在于事物的内外边界无法绝对地划分，在于所谓"系统外部冲击"无法全部纳入计量模型。不管模型在形式上多么精确，本质上最优也仍然只能是"差不多先生（Mr. Almost）"。而且由于真值未知，能不能成为"差不多"的模型，很多时候无法确知。所有"结论"实际上都顶多只能是"小结"，历史还在延伸，事物本身还没有完结，何结论之有？

还有一个系统外部冲击导致不确定性的实例，应该提出加以警觉：按照"购买力平价（PPP）"计算，中国早已经成为世界上第一大经济体。这个结论被国内外多数经济专家坦然接受。岂不知，ICP只是进行国际经济比较的一种方法，并非天经地义，其方法论还存在相当多值得深究的问题，哪怕已经成为全球标准，也应该系统地深入检讨。要害在于，ICP的比较方法建立在"纯价比假设"和"等价比假设"等基本假设基础上，无法在国家间找到"同质产出"进行比较，忽略了发达国家产出中隐含的高质量因素，系统性地高估了其价格，低估了其实际产出；相比而言，其低估了发展中国家的价格，高估了其实际产出。

九、经济测度，人类一直在路上

由于系统外部冲击，经济"测度、核算与比较（MAC）"很难达成预设的标准，并没有理想模型，人类一直在路上。这里应该注意以下几点：

第一，应该建立"多元化系统观"。"子系统"和"母系统"的表述便于理解系统的内部关系，但也可能存在一个问题，容易成为"视觉主导的系统观"，将母系统或子系统的关系固化，大圈套小圈，大球套小球。现实社会中，系统关系非常复杂，系统间可能你中有我、我中有你，互相交叉。所谓母系统与子系统的界定，往往是取决于一个特定的研究视角，局限于一个特定的分析框架。如果研究视角和分析框架发生变化，子系统和母系统的关系就相应发生变化。

第二，重视"指标口径"问题。美国著名经济学家曼昆教授在他的《经济学原理——宏观经济学分册》第23章"一国收入的衡量"中强调："重要的是，要记住GDP包括了什么，而又遗漏了什么。"这里，曼昆教授所强调的就是GDP的指标口径问题。有的人以为，一个指标包括什么或不包括什么，这算什么学问呢？要害在于，为什么包括或不包括，这里藏着大学问。"系统外部冲击"最终往往通过"指标口径"表现出来，所谓"口径"就是指标的外延定义，不可小觑。

第三，注意"系统外部冲击"与"外部性"影响的区别。在经济学中，"外部性"是一个基础概念，是行为主体对他者造成的非市场化影响，如果这个影响是正面的，受益者无须承担费用，可以搭便车；如果这个影响是负面的，行为者无须承担补偿费用，可以转嫁隐性成本。由此可见，外部性概念的要害在于"非市场化"，从行为发生的角度看是一种附带结果，而"系统外部冲击"包括了行为主体间的直接作用，范围应该比"外部性"更广，二者有时需要严格加以区分。

第四，注意提升经济统计研究的"增加值"。笔者讲述了这么多经济测度问题和陷阱，并不是主张放弃测度，而是着重指出，经济研究者不能过分渲染自己的实证成果。应该意识到经济计量出现理想结果的稀有性（如果不是人为调试出来的结果），应该坦白地承认研究固有的基础性缺陷，应该让他人将已有的研究当成"中间产出"，而不是"最终产出"。真正的学者应该努力提升自己研究的增加值，而不是把研究形式化，做出八股文章，即便套用"洋八股"便于高中SCI，也于中国高质量发展无益，没有经济统计对中国国势、国力、国情的基本判断，我们就无法制定切实可行的战略和规划，就无法扬长避短。谨慎测度，打好坚实的数据基础，方能在日趋激烈的大国竞争中立于不败之地。

参考文献：

［1］邱东，迪顿新论超越GDP——敢问路在何方 ［J］. 中国统计，2020（5）.

［2］DEATON A. Beyond GDP ［J］. Survey of Current Business，2020（1）.

［3］MÜGGE D K. International economic statistics: biased arbiters in global affairs? ［J］. Fudan Journal of the Humanities and Social Sciences，2019（2）.

［4］ROCKOFF H. On the controversies behind the origins of the federal economic statistics [J]. Journal of Economic Perspectives, 2019 (1).

[5] 邱东. 问题导向的方法论——联邦经济统计开发过程背后的论战述评 [J]. 统计学报, 2020 (1).

[6] 邱东, 王亚菲. 中国国民核算演变的公共品视角: 模式选择、知识生产与体系构建 [J]. 统计与信息论坛, 2020 (1).

[7] 邱东. 宏观管理·政治算术·国势学问——第20次全国统计科学讨论会 "新时代统计改革与发展" 大会特邀学术报告: 在360年世界经济统计学说发展中反思中国的40年 [R]. 呼和浩特: 中国统计学会, 2019.

[8] 邱东. 社会科学统计学者的操守——数据之 "据" 和应用的 "应" [R]. 烟台: 全国企业经济统计学会, 2019.

[9] STIGLITZ J E, FITOUSSI J P, DURAND M. Measuring what counts for economic and social performance, 2018 [R]. Paris: OECD Publishing, 2018.

[10] STIGLITZ J E, FITOUSSI J P, DURAND M. For good measure: advancing research on well-being metrics beyond GDP [R]. Paris: OECD Publishing, 2018.

[11] 邱东. 经济测度逻辑挖掘: 困难与原则 [M]. 北京: 科学出版社, 2018.

[12] 韩健夫. 谈中国历史气候不能只知道竺可桢 [EB/OL]. [2017-08-06]. https://www.the paper.cn/news Detail_forward_1747602.

[13] 李冻菊. 经济表现和社会进步的测度研究与实证 [M]. 北京: 中国人民大学出版社, 2014.

[14] 徐飞, 江增辉. 中华传统学术资源的现代价值——从《中国近五千年来气候变迁的初步研究》谈起 [J]. 学术界, 2012 (10).

[15] SMITH J. The GDP illusion - value added vs value capture [J]. Monthly Review, 2012 (7).

[16] 向国成, 李宾, 田银华. 威廉·诺德豪斯与气候变化经济学——潜在诺贝尔经济学奖得主学术贡献评介系列 [J]. 经济学动态, 2011 (4).

［17］STIGLITZ J E，SEN A，FITOUSSI J P. Measuring our lives：why gdp doesn't add up：report of the commission on the measurement of economic performance and social progress ［M］. New York：The New Press，2010.

［18］竺可桢.中国近五千年来气候变迁的初步研究 ［J］. 考古学报，1972（1）.

刊发于《统计理论与实践》2020年第1期

数据科学在社会经济领域应用的重心
——兼评《十字路口的统计学，谁来应对挑战》

在大数据时代，数字科学发展非常迅速并且得到广泛的应用。笔者坚持认为，数据不是数字，数据之"据"决定了其社会意义。应用不是套用，应用的"应"代表了力求与研究对象相应（即理论和方法的"外部一致性"）的基本要求（邱东，2019b）。基于这两点基本认知，本文讨论数据科学在社会经济领域应用的学科格局。

1 学科格局的"相关性"与重心把握

1.1 基本数据反思对学科发展的启示

本文从中国对数据分析的重大需要说起[1]。

当今世界发展面临重大变局，而中国处于风口浪尖。美国等发达国家和相关新兴国家围堵中国，表面上是逆全球化而动，实质上搞的是"去中国的全球化"，中国的国家信用受到美国前总统特朗普等政客的百般诋毁，严重影响了中国与世界各国的正常交流。在这个关键时刻，中国统计学界不应该袖手旁观，对于国外民间对中国发展的误解和刻板印象，也需

---

[1] 地球自转是其实现对太阳公转的必要方式，如果不许地球自转，也就等于不允许地球公转。同样道理，从国家角度出发分析学科格局并不是某种狭隘的思维，也不是对科学问题刻意添加主观意识。

要对社会经济数据做出合乎情理的分析，给出事实真相。

　　例如，碳排放统计。国际组织只是按总量列示"碳排放"大国，中国总是被摆在第一位。长此以往，就连国人自己都觉得理亏，似乎中国真的损害了世界人民。其实，这里有一个按什么指标排序的选择问题，仅仅考察碳排放总量，貌似客观，实则并不合理。

　　如果切实认定人权平等，循着"丁仲礼之问"的思路，考察"人均排放量"，按照国际组织给出的基础数据口径，中国2019年在前15个碳排放大国中仅仅排第10位。回想10年前气候问题的国际谈判，如果不是丁仲礼院士的坚持，中国仅在2020年一年就需要额外支付1万亿美元去购买所谓碳排放权。然而，仅考虑人均指标还不够，更能揭示真相的，是"直接责任国"与"实际责任国"的区分。中国工业生产量大，且多数产品生产处于全球产业链的低端和中端。从事初级生产，也即承担更多碳排放的角色，这是全球分工格局所致，碳排放中的相当部分其实是出于全球消费者的需求。因此，别国在进口中国工业品时，实际上是对中国输出了"碳排放"，是隐性的"污染输出国"。一般而言，如果不是发展中国家从事低端产业，发达国家就需要在其国土上从事所谓"非清洁生产"[1]，"碳排放"责任就无法转嫁给别国。因此，笔者提出"多生产多排放"的责任辨识思路，计算"单位制造业增加值碳排放量"，中国的全球排名就在十名之外，碳排放的实际责任并没有那么多，可见碳排放总量所示存在严重偏误。

　　这个典型事例告诉我们，在社会经济计量[2]中，统计指标的选择和应

〔1〕　到目前为止，人类尚无法完全取缔"非清洁生产"。

〔2〕　美国古生物学教授斯蒂芬·杰·古尔德（Stephen Jay Gould）指出，"科学运用纯粹无偏见的观察是发现自然真理的唯一的、最终的方法，这个独特的观念是我这一行基本的（且相当有害的，我将讨论这一点）神话"。科学哲学家汉森（Hanson）认为，"理论的蹄印"（the cloven hoof print of theory）必然会侵入任何观察方案。达尔文对"客观"记录这一神话有过这样一段评论："观察若要有用的话，那它必定要么支持要么反对某种观点，有人看不出这一点，真是太奇怪了。"（以上三段语录均引自：古尔德. 刺猬、狐狸与博士的印痕：弥合科学与人文学科间的裂隙 [M]. 北京：商务印书馆，2020：44-45）

用往往是有立场和态度的，即所谓"典型化事实（stylized fact）"，究竟如何概括事实，势必隐含着行为主体的立场，从而未必能完全反映客观事实。即便国际通行的指标，也不能完全描绘出具体事实。与其他国际规则一样，世界统计规则往往由发达国家的专家制定或主导。他们多数秉持职业精神，但毕竟精力和时间有限，未必能打破其生活、工作环境所带来的认知局限。[1]从而，国际规则切实基于全球格局达成公平，相当困难。

了解了社会经济数据后面的这个制度形成背景，就应该警醒，并不是国际规则必须完全照搬，也不是抓到手的数据就能用，特别是基本数据，偏误可能产生无法估量的决策放大效应。如果不做深入分析，如果不探索更为科学的测度格局和视角，很可能被隐含谬误的数据污染，进而误导决策，导致本可以避免的社会危害。

科学无国界，但在人类追求福祉的过程中，国家始终是一个基本的利益单位。这意味着，发展中国家在从事经济统计时，既需要遵守规则，又需要注意如何争取改进规则，以真正反映出本国的实际状况。经济统计是一种具备层次特性的非实物公共产品，是一个国家"社会基础结构"的重要组成部分，也是国家"软实力（soft power）"的重要支撑。知己知彼，百战不殆，高质量发展基于高质量的国势研判，因此，中国的社会经济统计还需要大补课，还有大量的测度陷阱需要我们去揭示，还有不少指标机理亟待我们去挖掘，任重道远。

大数据兴起、人工智能方兴未艾，所谓"前沿方法"，肯定会成为社会经济计量的得力工具，但能否替代常规的社会经济统计？这取决于揭示测度陷阱和挖掘指标机理的功能能否照常实现。知识生产有两个基本功能，除了认识世界，还要改造世界，让知识服务于人类的福祉。千里之行始于足下，宏伟目标功在手头。因此，我们对学科格局的"相关性"思考

---

〔1〕 1999年，世界银行统计专家到河南省考察中国统计数据的可靠性，方才感悟到，不能用北京、上海和广州的发展状态来概括中国整体的发展。由此可见，除非亲自深入现场接触，要求富国高层人士客观透彻地理解穷国社会底层所面临的资源硬约束，比较困难。

尤为重要。由于学缘和学科功能取向的不同，这种把握学科格局的努力常常会引发不同的认知，从而需要严肃的学术讨论，需要开放和包容的文化氛围。

1.2 本文对大数据时代统计学学科格局的思考

数据科学应用的一个主要场合应该是社会经济领域，在此领域中对学科格局及其重心究竟应该如何把握，是制定和实施学科发展战略所不能忽视的一个基本问题。

近年来，笔者对大数据时代统计学科格局的相关问题持续进行了思考。2014年笔者提交了《大数据时代对统计学的挑战》一文（邱东，2014），为第十七次全国统计科学讨论会的大会特邀报告，就此做过专论。2019年8月，第13届全国企业经济统计学会年会在山东工商大学召开，笔者做了《社会科学统计学者的操守——数据之"据"和应用的"应"》的报告（邱东，2019b）。2019年10月，第二十次全国统计科学讨论会在内蒙古财经大学召开，笔者应邀做了大会报告《宏观管理·政治算术·国势学问——在360年世界经济统计学说发展中反思中国的近40年》（邱东，2019a），对相关问题提出了看法。

2019年12月7日，对外经贸大学召开"统计发展与创新"研讨会，对数据科学在社会经济领域应用的问题，罗良清教授和张维群教授等几位学者提出了比较深入的看法。受其启发，笔者对此问题又做接续思考，形成一些新知。

2019年12月14日，清华大学的许宪春教授在上海财经大学主持召开了"大数据背景下经济统计学科建设"研讨会。笔者在大会致辞中概要提出：如何把握数据科学在社会经济领域应用的重心？应该更加注重"数据整理"、"模糊不确定性"和"问题导向"三个方面。

该会之后，笔者将致辞内容进一步整理成文，恰好又读到美国国家科学基金会（NSF）2019年年底发表的一篇统计学发展报告。该报告由Xuming He，David Madigan，Bin Yu和John Wellner四位统计学家执笔，以下用四位执笔人姓名英文字头组合，简称"HMYW 2019统计学报告"。阅读后发现，笔者与该报告在学科格局思考上有相通之处，同时也认为该报告还存在需要进一步深入研究的课题，遂将对该报告的点评作为本文的一个部分，斗胆提出自己的一孔之见。参照该报告的内容，笔者对把握数据科学应用重心的思考，也更加深入。

在本文第二次修改后，笔者又读到《大数据、机器学习与统计学：挑战与机遇》。相比而言，洪永森、汪寿阳二位教授在学理剖析上更为深刻，对学科变革的内在机理挖掘得更为深入，从而在学科格局把握上也就更值得重视。

本文共分为4个小节。第2节是"HMYW 2019统计学报告"的要点概述和评论，第3节强调提出并论述数据科学在社会经济中应用时应该把握的三个重心，第4节专门阐述数据科学在社会经济领域应用时如何处理好数理统计与经济统计的关系。

2 "HMYW 2019统计学报告"的要点和评论

《十字路口的统计学，谁来应对挑战》是Xuming He等几十位学者写给美国国家科学基金会（NSF）的学科发展报告（He et al., 2019）[1]，开篇引用了当代统计学方法大师级人物图基（John Wilder Tukey）教授1962年在《数据分析的未来》中的一段话。图基先生明确指出了数据分析的两条道路：一条是解决实际问题的坎坷道路；一条是由"不实假定、武断推测和没有实际附着的抽象结果构成的坦途"。[2]从图基的开创性贡献以来，学科又发展了近60年，"HMYW 2019统计学报告"直言："统计领域正处于十字路口，要么通过拥抱和引领数据科学而蓬勃发展；要么沉沦而变得

---

〔1〕 该报告呈给美国国家科学基金会（NSF），以其名发布，但未必代表NSF认可其观点，当然，这个标签容易被误解为是NSF在领域内的代言人，具有"举旗效应"。

〔2〕 原文为：the smooth road of unreal assumptions, arbitrary criteria, and abstract results without real attachments.

无关紧要。"应该看到，该报告承接了图基先生的学术精神，对统计学的学科发展格局做了较为冷静的剖析。

如果谋求长期发展，需要统计领域的"再定义、拓展和转型（redefine，broaden，and transform）"，需要演变成为一门"跨学科科学（the transdisciplinary science）"，需要重新构思本学科的教育计划、重新思考专业教师的招聘和晋升，还需要进行学科的"文化变迁（the culture change）"。从"HMYW 2019 统计学报告"指出的这几方面的"需要"看，统计学的改革转型任重道远，甚至到了变革"学科文化"的层次上，的确走的是一条坎坷之路。

那么本学科的现状呢？[1] "HMYW 2019 统计学报告"坦诚相告：统计教育相对而言停滞不前，多数统计专业师资对数据科学的发展准备不足，统计学者在数据科学对话中并没有占据主导地位，统计学学科评估仍然偏重"成果发表数量（publication quantity）"。统计本来应该包括实践、计算和理论三大部件，但它们之间的平衡被严重扭曲，而且彼此缺乏联系。

笔者以为，如果切实接受"HMYW 2019 统计学报告"的判断，我们就不能因眼下专业发展的某些表象而沾沾自喜。虽然时下统计专业得益于毕业生需求的增长，但这主要是因为专业人才市场还不够成熟，事物新生逐潮而动，用人单位和家长、学生对数据科学人才要素的辨识能力不足，或许仅仅凭时尚的名称就做出人事和专业选择，所以，我们专业教育并不应该满足于一时间需大于供的轻松。

数据科学的发展本是竞争性的、开放性的，统计学在其中并不具有天然的和垄断的主体地位（王汉生，2016）。"HMYW 2019 统计学报告"指出：数据科学实体在企业、政府和高校中快速建立，其他学科正在积极参与数据科学的建设，吸引走了有天赋的学生，从而对未来统计学专业的师

---

〔1〕 该报告叙述的应该是美国大学统计学的情形，中国大学的统计学界如果切实以之为前沿，自当参照反观。

资水准提升造成压力。本学科成功转型的机会窗口期有限，需要好好
把握。

该报告的主要"调查结果和建议"是：（1）确定实践的中心作用；
（2）强调对社会的影响；（3）独特作用是为更好的实践做研究；（4）应该
迎接开放的重大挑战；（5）学科评估需要转型：更关注"稳健性（stability/
robustness）"、"可再现性（reproducibility）"、"公平性（fairness）"、"计
算可行性（computational feasibility）"、"经验证据（empirical evidence）"
和"领域科学（domain science）"中"已经证明的影响（proven
impact）"；（6）需要训练"批判性思维（critical thinking）"等现代技能。
这些建议表明，统计学发展的重心的确需要转移。

总体上，"HMYW 2019统计学报告"对统计学面临的机遇和挑战进行
了较为系统的分析，特别强调了数据科学应用的社会价值，这与2004年
"LKS报告"[1]的基本精神是高度一致的（邱东，2013），并在学科发展的
操作层面也做了深入拓展，值得引起专业学者的重视。

在高度认同"HMYW 2019统计学报告"基本精神的同时，笔者认为，
该报告还存在一些问题需要进一步澄清，比如：

第一，该报告是否包括了计算机学科等其他学科的专家的见解？报告
形成过程是否有相关学科的专家参与？开放式研究对"跨学科科学"非常
重要，究竟如何把握数据学科的学科格局？统计学是否一定处于数据科学
的中心地位？计算机科学家和数学家如何认识数据科学的格局呢？

从笔者接触到的国外学者对数据学科的概括看，认识并不一致。有的
学者将数据学科定义得比较窄，仅将其视为数学、计算机科学和领域知识
三者之共，而数学与领域知识交叉为"统计研究（statistical research）"，
计算机科学与数学交叉为"机器学习"，计算机科学与领域知识交叉为
"数据处理（data processing）"。也有的数据科学范围比较宽泛，包括了

---

[1]　Lindsay Kettenring and Siegmund（2004），《统计学：21世纪的挑战和机遇》，美国国家
科学基金会发布。

数学和统计学、计算机科学和领域知识。还有的数据科学示意图中，统计学与人工智能（含机器学习）、模式识别相交叉，但与数据挖掘并无交叉。

王汉生（2016）强调指出，就数据科学的发展而言，统计学家与计算机科学家相比并不占优势，在数据科学发展的对话中统计学家并没能占据主导地位。如何看待这种学科地位的判断？究竟是学科使命和实力差异使然，还是统计学家在学科发展机遇上的疏忽所致？值得深思。

第二，作为学科发展的展望报告，没有对本学科不同流派之间的历史性争论做出相应的说明。比如，贝叶斯学派在21世纪统计学学科格局中究竟应该占据什么样的地位？反观过去的学科流派争论，究竟应该如何深化对统计学科的系统认知？

第三，"HMYW 2019统计学报告"多处把统计学和数据科学相提并论，实质上代表了"等同说"的学科观点，如此阐述，固然可以强调统计学发展的时代性，但就学科定义的准确性而言，恐怕容易引起争议。因为有学者将统计学视为"数据科学群"中的一个构成分支，持"从属说"的学科观点；还有的学者认为二者研究对象和内容互有交叉，持"交叉说"的学科观点。

笔者曾强调（邱东，2013），数据科学是一个"学科群"，这一点应该已经成为共识，争议在于这个学科群的内部结构上。如此说来，将统计学定义为一门数据科学就不能算错，但对学科的准确定义而言，恐怕并没有增加多少新的信息。在"大数据时代"谁都乐意拥抱数据学科，其他相关学科也可以宣称这种"域名"，都以自己是数据科学为荣。

比较是提升认知的利器。笔者还是坚持1990年做经济学博士学位论文时提出的比较"四点论"（邱东，1991），在辨识学科关系时，需要明确统计学与数据科学的"相同点"和"差异点"，在差异点中又应该进一步辨别其相对于应用场合的"优点"和"缺点"，如果切实把握了这四点，也就容易达成对学科格局更为明确的认知。

当然，究竟什么是数据科学，还在争论之中，统计学与数据科学的关系，也仍然在形成过程之中，目前还无法给出确切的定论。不过，给出大致的同异及其趋向剖析，总是好过泛泛而谈。

第四，作为数据科学和统计学的"服务对象"，专业领域的科学家是否需要参与这种"跨学科科学"的讨论？如果统计学切实将自己定位为服务于各领域科学的基础性学科，就应该是"用户友好型"的服务者，就不能在服务对象缺席的情况下讨论如何为之服务。在真正的领域应用中，方法论学科工作者需要去掉居高临下、唯我独尊的心态，至少应该与领域科学学者在一起平等地、而非以君临天下的姿态讨论学科交叉问题。

第五，报告没有强调"数据整理方法"在数据科学应用中的重要性，而数据整理方法恰恰是从数据科学方法到各领域应用整个机理挖掘链条中非常重要的一环。进而言之，该报告在学科格局分析、变革方向与变革措施之间的逻辑衔接究竟如何？需要深入思考的问题恐怕还不少。比如，如果确实强调理论、方法应用和社会实践，那么领域科学知识在学位教育的课程设置中如何预留空间？再比如，2013年天津财经大学肖红叶教授敏锐地捕捉到新的专业方向——"数据工程"，如果它对于数据科学的社会实践操作非常重要，又该如何建设？该专业方向的构建与数据整理方法的关系如何？此类问题都应该给予关注。

总之，数据时代的学科格局还需要接续探究。事实上，这种探究也正在进行之中。就"数据"与"大数据"差异的学科变革意义而言，洪永淼、汪寿阳（2021）的《大数据、机器学习与统计学：挑战与机遇》给出了更为深入的思考。该文第5节较为系统地阐述了大数据、机器学习与统计学的内在关系，分8个方面剖析了统计学在数据时代的变与不变，哪些挑战可以转化为机遇，颇具启发意义。

3　数据科学在社会经济中应用的重心

统计学的基本理念非常强调"分布"概念，对学科格局而言也就是其内在结构。那么，如何考虑学科内容的分布问题，尤其是当我们强调数据科学在社会经济领域应用时，学科重心究竟何在？

笔者呼吁，我们应该从三个方面深入、提升并拓展思考，在重视"数据分析方法"、重视"随机不确定性现象"、重视"方法导向"的同时，更加重视"数据整理方法"、重视"模糊不确定现象"、重视"问题导向"的思路，以切实达成"应用"内涵中"应"之本义，使得数据之"据"更为充实。

3.1 在大数据时代的社会经济计量中，除了"数据分析方法"的深化与拓展，究竟应该如何看待"数据整理方法"？

究竟如何把握"大数据"之大？并不仅仅是数据的数量增多，更重要的是，研究对象持续在变，总体变了、样本变了，数据本身也变了。原来的数据通常是指"结构性数据"，而大数据中的数据还包括"非结构性数据"和"半结构性数据"，原来的数据往往是"经过设计的数据（designed data）"、"系统收集的数据（systematically gathered data）"，而大数据中的数据往往是"偶发数据（happenstance data）"、"有机数据（organic data）"，往往包含"使用者生成的内容（user gathered content，UGC）"，或是"行为痕迹数据（behavioral trace data）"。

现代数据不同于传统数据，仅仅套用原有分析方法恐怕难以收到实效。北京大学的耿直教授2014年在第十七次全国统计科学讨论会报告中提出警告："大数据的到来将对传统的统计方法进行考验"，"当年统计学最得意的回归预测方法将被淘汰"（耿直，2014）。

大数据对统计学的挑战是全方位的，而在社会经济计量应用中，尤其需要关注"数据整理方法"与"数据分析方法"之间的关系。

罗良清教授（2019）指出，进入大数据时代，"从数据产品生产所耗时间和精力来看，主要的工作在资料的收集和整理上，而不是在资料的分析上"。一方面，大数据中的数据，"没有统计调查方案中所限定的各种主动要素，势必造成资料整理时的难度加大。总体的内涵与外延，指标的具体含义等将要在统计整理过程中重新定义，这其实是统计测度问题"。如果沿用传统的统计整理方法（分组和汇总等），很难产生合格的"数据中间产品"，却可能为进一步的数据分析留下隐患。另一方面，统计分析方法的研制面临着一个竞争相当激烈的市场，"几乎所有的分析都有相应的统计软件和模型"（王汉生，2016），各种软件和模型往往趋向于用户友好，使得统计分析智能化，即被机器替代的成分越来越多。

笔者高度赞同罗良清（2019）的这个判断。试想，现在机器人撰写的数据分析论文已经可以通过国外正规学术期刊的"盲审"了，这对数据分析工作者来说是一个危险的信号。随着人工智能的发展，许多初级的数据分析就将成为机器人能够胜任的工作，如果到今天仍然让多数学生把精力仅仅放在数据分析方法上，他们就可能面临失业的危险。课堂作业式的数量分析不过是"虚证分析"，形式化动作，其职业效用很低。

"行为痕迹数据"往往不能直接用来做模型运算，那样做通常缺乏实际含义，最后不知数据结果所云，恰如图基先生所言的"抽象结果"，并没有"真实附着"。从计算效率看，没有经过"预处理"的数据，其计算过程通常比较缓慢，甚至很可能运算中途就死机，根本无法得到计算结果。对非专门生成的数据而言，往往要有数据的预处理，包括数据清洗、不完全数据填补、数据纠偏和矫正等（耿直，2014）。

此外，不同数据来源的数据如何整合，也是应用"非专项调查数据"时需要添加的新工作。节省了专项调查的成本，但需要添加数据整理的新成本，天下没有免费的午餐，任何工作，因节省环节而减少成本，就会派生出另类成本，或许为隐性成本。专项调查省了，数据整理环节就更重要了。

张维群（2019）有个非常贴切的比喻，常规数据整理与大数据整理不同，就像洗煤和选金之别。常规数据分析也需要进行数据整理，但那里的对象是一种基于专门调查产生的数据，在数据调查设计和实施时，已经根据对象特点和研究要求对数据做了增加"紧致性"的处理，当然仍然需要分组和汇总，做进一步的数据处理，但相对于大数据的整理而言，其工作量少了很多，如同在高密度煤矿石中洗煤；而大数据分析所面对的海量数据则大为不同，具有信息稀疏性的特征，相对于研究目的而言，数据虽多但呈低价值密度，故而这里的数据整理如同在低含量金矿石中选金。

美国威廉姆斯学院的 Richard De Veaux 教授提出了"数据科学的七宗罪"[1]，其实是提出应用数据科学需要当心的七个方面。第一，问题误定义，误解问题。这是指片面理解问题或寄予不切实际的期望。第二，低估数据准备。第三，忽视潜在事物。第四，迷恋自己的模型。第五，忽视数据的渊源。第六，混淆相关关系和因果关系。第七，自傲。

针锋相对地，Richard De Veaux 教授又提出数据科学应用中的七宗美德：第一，清晰定义问题。第二，准备好数据。第三，使用领域知识。第四，对新方法和模型开放。第五，警觉缺失数据。第六，开展小组作业。第七，确保数据质量和数据的道德使用。初看论文题目，Richard De Veaux 教授似乎是在否定数据科学，其实"挑货才是买货人"，只有深入挖掘数据方法的局限性和可能的陷阱，才真正是建设性的。Richard De Veaux 教授在教学之余也做数据咨询，在当地颇具市场美誉。他在大会报告中坦言，一个咨询项目中，90% 以上的精力需要用在数据整理上。

笔者认为，在大数据时代，工作重心从数据分析向数据整理转移，至少需要采取两种方式。第一，开发并使用专门的"数据整理方法"，取代或补充原来数据收集阶段的某些功能。第二，开发并使用具备数据整理功能的新型数据分析方法，比如数据集整合分析、高维变量选择方法和统计并行计算方法等（朱建平，2019），而不是仅仅套用原来传统的数据分析方法。

总之，在大数据背景下，"数据整理方法"至少与"数据分析方法"同样重要。罗良清教授提议，要在统计学人才培养方案中加大如何进行数据整理的教学内容。可惜的是，即便是美国大学的统计学科系，对此问题也重视不足。在 Coursera 所列的网络课程中，只有约翰霍普金斯大学开设

---

[1] 参见 Richard De Veaux 教授于 2019 年 8 月提交国际统计大会的论文提要，该论文尚待发表。同年 12 月李金昌教授又邀请他到浙江财经大学，出席了"首届经济统计测度与国民核算国际研讨会"，他再次阐述他对数据科学应用的基本观点。笔者在这里郑重地向 Richard De Veaux 教授表示感谢，他同意笔者引用他尚未发表的论文内容。

了"获取和整理数据",华盛顿大学开设了"分类"课程,各高校的课程还是以数据分析为主(朱建平,2019)。

当然,"数据整理方法"的课程很难开展。笔者认为,这是一种对基础数据的深度"管理",恐怕需要采用管理学中"案例教学"的方式进行。教师应该留心大数据应用研究中比较典型的项目,剖析整理原始数据的过程,提出值得深究的问题,总结正反两方面的经验,形成案例。让学生提前阅读案例原件和思考题,在课堂上集体讨论,再共同总结,提升和扩展对此案例的认知,从而使学生熟悉数据整理的真实过程,这对他们实际参与大数据应用研究将大有裨益。

3.2 在社会经济计量中除了"随机不确定性",如何看待"模糊不确定性"?

有一种说法,社会经济统计研究"确定性现象",数理统计研究"不确定性现象",从而有了学科优劣之分。笔者以为,这种说法失之偏颇。客观事物并不存在确定性现象与不确定性现象之分,严格而论,所有事物都是不确定的,只是其程度高低存在差异。出于简化的惯常思路,人们往往将不确定程度比较低的事物约略当成所谓"确定性现象",这不过是一种认知和处理的粗略手段,经济统计会用到,其他学科也会用到。只要这种约略近似于客观事物,不是随意到处乱用,则无可厚非。

从总体上看现象的类型,"不确定性现象"可以分为"时间不确定性现象"与"空间不确定性现象"。而需要特别注意的是,"随机不确定性现象"并不是"不确定性现象"的全部,至少还存在"模糊不确定性现象"。在这种类型的不确定性中,人们面对对象的"亦此亦彼性",或者如外国学者所说的"此彼悖论(this and that paradox)"。

刘应明和任平(2020)指出:"至少存在两种不确定性,随机性和模糊性。模糊性背离了排中律,随机性背离了因果律。"在《统计与真理》第一章附录的"讨论"中,统计学家Rao先生专门在一节中阐述了"模糊性"(Rao,1997)。他指出,"除了我们已经讨论过的偶然性和随机性以外，在解释观测数据时还存在着另一个障碍，这就是在识别物体（包括人、位置场所或事物）所属不同类别时存在着的模糊性。""为了避免在交流思想和调查研究工作中引起混乱，最基本是要尽可能准确地定义分类。但是，在引入概念和给出定义时，模糊性是不可避免的"。更早地，Knight（1921）将可以通过概率刻画的不确定性称为"风险（risk）"，将不能通过概率刻画的未知称为"不确定性"；Ellsberg（1961）将后者明确称为"模糊性（ambiguity）"（参见姚东等，2020）。可见，"模糊不确定性"一直存在，只不过我们在研究不确定性时，过多地强调了"随机不确定性"，而"模糊不确定性"没有受到应有的重视。

大数据意味着巨大的"数据选择空间"，然而，这个优势实际上犹如双刃剑，同时也意味着数据杂乱、多样和不规整（李金昌，2014）。原来有针对性地获得数据叫作"数据收集"；如今则需要有选择地从大数据中剔除所谓噪声，进行"数据清洗"，数据识别和整理工作成了进一步分析的前提。笔者2014年在第十七次全国统计科学讨论会上明确提出，大数据时代本身也就是"大噪声时代"（邱东，2014）。在该讨论会上，李金昌（2014）指出："大数据的不确定性不再是样本的获取与总体的推断，而是数据的来源、个体的识别、信息的量化、数据的分类、关联物的选择、节点的确定，以及结论的可能性判断等方面。"

对待这种模糊不确定性现象，往往需要人为地决定其边界，需要"切一刀"，需要明确所研究对象的"定义域"，需要将对象按照一定的标志分类，形成一个结构化的描述，还需要用概括性指标来描述"指标解释"。可见在大数据中，特别是在社会经济计量中，人们首先而且更多地面对的是"模糊不确定性问题"，需要有效地将原始数据分组，划定不同类别现象的边界。之所以需要将工作重心从"数据分析方法"转向"数据整理方法"，此乃客观现象本身的"模糊不确定性"使然，是高质量的实证量化分析的内在诉求。

至于"随机不确定现象"、"模糊不确定性现象"与"时间不确定性现象""空间不确定性现象"的关系如何，还需要深入思考。不过有一点比较明确，在社会经济计量的许多场合，研究"模糊不确定性"恐怕更为重要。至少有一种错误是十分明显的：不管什么类型的现象，只是用随机概率方法去套裁。

除了"随机不确定性"和"模糊不确定性"之外，是否存在其他类型的不确定性？华中科技大学的邓聚龙教授1982年开创了"灰色系统理论"，刘思锋（2017）进一步对几种不确定性方法进行了比较。其中，"灰色系统理论"着重研究概率统计和模糊数学所难以解决的"小数据""贫信息"不确定性问题，其特点是"小数据建模"。此外，国外还有学者开创了"粗糙集理论"，采用精确的数学方法研究不确定性系统，其主要思路是利用已知的知识库，近似刻画和处理不精确或不确定的知识。看来，不确定性不止一种类型，故而，解决不确定性问题的方法库也应该是开放的。

3.3 在社会经济计量中究竟是"数据导向""方法导向"，还是"问题导向"？

数据挖掘，直接行为对象是数据，但挖掘的目的却是事物自身变化的逻辑机理[1]，因其隐藏在茫茫数据海洋之中，故而需要挖掘。诸事道理为大，"数理"应该服务于厘清"事理"。

面对海量数据，"机理挖掘"存在着以什么为导向的问题，究竟是新的"数据导向（data-driven pattern）"，或者惯常的"方法导向（model-driven pattern）"，还是应用者偏爱的问题导向（problem-driven pattern）？

时下数据科学诸多讨论中，所谓"数据导向（data-driven pattern）"之说颇为流行，"HMYW 2019统计学报告"也采用了这个说法。但需要深入思考的是，数据本身是否真的具备导向功能？"让数据说话"是时代流行语，可究竟是谁在"让"？隐含的行为主体到底是谁？以聚类分析为例，我们将距离相近的变量归为一类，聚类过程是否预设了一个特定的二

---

[1] 这里的"机"往往是有机的"机"，而非无机的"机"，不宜只做经典物理式的理解。

维平面和坐标系？谁预设的？这个二维平面和坐标系是天然存在的吗？再
者，所谓"距离"是否基于预设的特定含义？如果不同距离定义可能导致
不同分类结果，原始数据本身能指导我们选择合宜的某个距离定义吗？

大数据的存在是分析的前提，茫茫"数海"之中，究竟往什么方向
走？怎么走？看似数据处于"静默状态"，其中是否隐含着某种知识框架？
分析所得相关关系是一般化结果，还是仅仅基于某个特定维度和视角？所
谓"类型化事实（stylized fact）"，究竟是谁将之类型化？如果笔者的上
述质疑成立，数据分析恐怕还是得回到"方法（模型）导向"与"问题导
向"交互作用的过程中。但无论如何，"问题导向"是不可忽视的。

从学说发展的角度看，任何一门学科（包括自然科学）都具备历史科
学的性质。秉持历史学科观，"HMYW 2019统计学报告"指出：统计本身
产生于科学家需要量化地使用测度、观察和试验，以更好地理解科学现象
的需要。可见，"问题导向"是学科产生和发展的本义。

作为致用之学的经济学，典型地说明了"问题导向"的重要性。与郭
大力先生共同翻译马克思《资本论》的著名经济学家王亚南先生在中华人
民共和国成立前就撰写了《中国经济原论》，他明确指出："经济科学是一
门实践的科学，是在实践的应用的过程上形成的科学，是要在实践应用的
意义和要求上才能正确有效地去研究、去理解的科学。"（王亚南，1942）
王亚南在《中国经济原论》导言中的话至今发人深省："我们是以中国人
的资格来研究，中国人从事这种研究的出发点和要求与欧美大部分经济学
者乃至日本的经济学者是不同的，他们依据各自社会现实与要求，所得出
的结论，或者所矫造的结论，不但不能应用到我们的现实经济上，甚至是
妨碍我们理解世界经济乃至中国经济之性质的障碍。"本文开篇所提及的
不同碳排放指标的选择和应用，就典型地印证了王亚南先生的远见卓识。

在实证分析中，数据分析需要预处理，而数据预处理依据什么？不可
或缺的是"领域知识"，而在社会经济领域则需要社会经济统计作为桥
梁。"指标"是社会经济计量模型中的"变量"，"指标口径"搞不清楚，
变量的"定义域"模糊，计量模型结果就不会真的令人满意。将方法凌驾

于问题之上，并不是科学的态度。如果实际状况与已有认知不符，就将人们的实践视为错误，更是"知识的僭妄"。数据处理，最终还是需要先验的、动态的领域认知与研究目的相结合，从而发挥导向作用。

在李志军、尚增健主编的《学者的初心与使命》一书中（李志军、尚增健，2020），学者们对学术研究与论文写作中的"数学化""模型化"进行了反思，对如何理解"问题导向"给出了正反两个方面的意见，值得重视。当然，"问题导向"的分析很难做出一般化的概括，这是应用研究本身的特性。应用本身就是抽象的反面——一个具象化过程。如何实施这个过程，倒可以总结出某些一般性的做法，与"数据整理方法"相同，管理学中的案例式教学法或可以借鉴使用。

计量分析方法库中存在多种类型的方法，究竟选择哪种方法？其依据是什么？即便方法选择可以采用试错法，方法优劣的标准（错与没错）最终还是要以实际问题的解决作为判据，至少是其重要的判据。

社会知识生产的分工引发了纯理论和纯方法论研究的倾向。"HMYW 2019统计学报告"指出，优雅和深入是数学中合理的治理指标，偶尔统计理论也可以优雅而深入，但不管怎样，我们的指标不同。"HMYW 2019统计学报告"还提出，统计学家需要"超越具体问题的解决，以区别于领域科学家"，笔者高度认可这种坚守，因为这是方法论学科发展的正途。在"HMYW 2019统计学报告"看来，"所谓应用，不仅仅意味着要使用现有的方法来解决问题，更重要的目标是，运用统计理论和原理来开放新的、在实践中有用的方法"（He et al.，2019）。但需要补充提出、同时不可忽视的是，专业的一般性提升往往需要建立在诸项具体实证问题的解决之上，从众多的特殊中总结概括出一般，才能真正为数据科学提供学理见解，就像早年数理统计的一般原理产生于生物统计和农业统计的特殊研究中一样。

在大数据时代，即使数据分析方法的讲授需要改革，教学重心也应该是方法的计算机理、适用范围、包含的假设条件及其对计算结果的可能影响。至于数据分析方法的论证推理和计算过程则可略过，现成的计算软件已经可以替代人工计算了。传统的"方法带问题"模式对学生提高学习效率用处不大，因袭旧法其实是对学生不负责任。

4　统计学作为数据科学构成在中国的发展

4.1　经济统计学就是经济学中与数据科学应用对接的领域科学

王汉生（2016）提出，数理统计学者应该向生物统计学者学习，即在发展中强调数理方法与领域知识的结合。显然，数理方法应用在社会经济领域会产生更多的效益，那么，在社会经济领域应用数理统计是否需要这种结合呢？有的人想当然地认为，理科比文科难，把理科知识用到文科非常简单，这种居高临下式的跨学科介入似乎比较容易实现，压根儿不需要什么对接。

这里隐含着一系列深层次的问题，需要澄清：

第一，是否需要打破重理轻文的刻板印象？

生物领域和社会经济领域哪一个更为复杂？与习惯文理分野的日常看法不同，这需要变换判断角度（有机还是无机，复杂还是简单）再做区分。人的"自反性（reflexivity）"决定了社会科学面临的是"复杂有机系统"，而非"简单有机系统"，更不是"无机系统"。人，正是所需解决的复杂问题之来源，复杂本身就是多维度的，从某些维度判断，硬科学未必比软科学更复杂，"高攀之难"未必比"深入迷途"那种"悠远之难"更容易对付。

第二，如何完整把握经济学科群的整体格局？

笔者要强调的是，经济科学基于牛顿物理学的理念而构建，在面对"复杂有机系统"时存在或隐含着"基因缺陷"。数理学科的学者如果重视"领域知识"，在学习现代经济学的时候，还需要警惕，并不是现成理论搬过来就能用，也不能把某个经济学流派的主张当成经济学的全部。同时，经济学科群现存的结构缺陷不应该成为轻视和否定经济统计学的理由。生产率分析大师乔根森（Jorgenson）教授等对西方经济学中忽视经济统计学的现象非常不满（Jorgenson，2018），希望新一代专业经济学家能够改正这一重大缺陷。

第三，如何完整地把握统计学的历史？

在"数理统计（mathematical statistics）"这个名词出现之前100多年，经济统计就与经济学科一起发展。只是到数理统计完成学科"体系化"，并大量应用于各种计量分析后，人们才更多地将数理统计认作统计学。美国固然出版了不少数理统计应用于经济领域的教材，但国际上也有相当数量的经济统计学研究成果发表（邱东，2020），或许因为主要针对宏观管理层级，流传面没有那么广。故而，不应该片面地对学科格局做出判断，仅仅将经济统计学视为数理统计学在经济领域的应用。

第四，如何把握经济统计学的主要内容？

宏观经济统计包含了三大主体内容：经济测度（economic measurements）、国民核算（national accounting）和国际比较（international comparison）（邱东，2018），它们独立存在，作为经济学学科群的基础。对数据科学在社会经济领域的应用而言，经济统计学是领域科学的构成学科之一，经济统计学者是领域科学家的组成部分。Jorgenson（2018）概括总结了经济测度的12项进步和贡献，值得我们珍视。回顾国内，2020年曾五一教授从学科性质和评价标准等方面对"经济统计学如何才能做到不忘初心"，做了较为深入的分析。

然而，有的跨领域判断对统计学学科格局并没有整体性认知，比较典型的是对金融统计的认识。个别人仅仅把所谓风险分析（risk analysis）作为现代金融统计的全部内容，似乎用上些数理方法就可以包打天下而唯我独尊。其实，在发达国家和国际组织的经济管理中，现代金融统计的内容颇多，例如：货币金融统计（currency and finance statistics）、资金流量分析（flow of fund）、资产负债表（balance sheet）、金融稳健指标（financial soundness indicators）、银行统计（banking statistics）等。以金融最发达的美国为例，金融统计的内容占据了其经济统计教材的主要篇幅，高盛集团曾经出版过《理解美国经济统计》（Understanding American Economic Statistics），甚至专门编制了系列的"高盛指数（Goldman Sachs Index）"。如果对诸多金融统计分支缺乏应有的认知，或当作过时的内容一概蔑视，势必会加大中国与发达国家在金融统计上的距离。

第五，学术资源与社会需求，究竟应该以何者为重？

数理统计在数学门类和概率论中一直难以受到重视，才有国内这种在"学科级别"上狠下功夫的"壮举"，争取成为独立的一级学科。问题在于，搞成了所谓"大统计"后，却反过来用数学的学科标准来对待经济统计学，似乎多年的媳妇熬成婆，就可以歧视"鄙视链"低端的学科了。其实这种"形大实小"的做法，只是着眼于学术资源的竞争，是基于零和博弈的思维。

然而，对经济统计学的蔑视和无情打击，真正受损失的是国家的统计事业。须知，我们的社会经济统计基础至今还相当薄弱。一个典型的例子就是联合国启动的"2030可持续发展议程（SDGs）"，高目标实现截止期限还剩下不到10年时间，而我们现在能提供基础数据的指标却非常有限，就是说，还不知道我们距离指标目标究竟相差多远。

经济统计与社会发展的相关性显然高于数理统计，经济统计学科的发展在更大意义上是基于国家需求，并不只是从事该学科学者的学科资源诉求。其实，如果只是基于个人事业发展，转向应用经济学研究和管理学研究是相当明智的，已经有一些经济统计学者成功转型，成为经济管理某个应用领域中的知名专家。

真正的问题在于，事关国家经济安全的重大经济统计事项，谁来承载国家利益的重担？当前中国发展面临关键时刻，存在不少事关国家安全的现实重大经济问题，迫切需要从经济测度、国民核算和国际比较等方面深入研究。从科学研究者本应具有的专业良知和社会道德出发，我们绝不能无动于衷，应该充分意识到统计学对国家对社会的专业责任，而不能以科学性作为占用学术资源的依据。

应该看到，数据科学的发展，对中国统计学者而言是挑战大于机遇。

因此，对"HMYW 2019统计学报告"的转型"机会窗口期"之言，绝不可掉以轻心。拥抱数据科学，有一个时空摆位问题，或学科态度问题。如果只准套用数理统计方法，不准或严重限制发展作为社会科学的经济统计学，恐怕不是"包容性增长"，其后果对数理统计自身也并不好，难以真正成为数据科学的核心学术力量。我们应秉持开放互补的学科观念，着眼于开源，在社会经济现象的实证研究中真正做跨学科的发展，如同"HMYW 2019统计学报告"所建议的学科开放，才可能体现现代统计学应有的功能。

4.2 "数据工程"专业方向的构建

天津财经大学肖红叶教授团队在2013年9月启动经济统计专业对接大数据的教学改革，构建了"数据工程"专业方向。就数据科学在社会经济领域的应用而言，这是一个非常有益的探索。

肖红叶教授的核心观点和研究路径是：（1）大数据是有"领域主题"的。（2）目前大数据应用推广存在数据供求断层瓶颈，需要具备领域知识的复合人才，而经济统计同时具备经济、统计和计算机专业的知识集合优势。（3）不同于"数据科学"（该概念学术界尚未取得共识），基于经济统计的"数据工程"对应大数据领域的数据工程师培养。（4）按基于经济主题的数据生成、数据组织和数据应用逻辑形成专业课程体系。

"十三五"期间，肖红叶教授主持开发的"数据工程"专业方向已毕业135名学生，受到用人单位好评，该项教学改革获天津市第八届高等教育成果二等奖。目前74所高校及其机构组建了全国经济统计学专业数据工程方向教学联盟，统一课程体系，编写相应教材，已完成10部书稿。同时又基于"数据工程+专业领域"的模式，开发金融数据工程、财务数据工程等相关课程与教材，并为各经济领域专业开设拓展数据认知素质的通识课程。

国务院在《促进大数据发展行动纲要》中提出："创新人才培养模式，建立健全多层次、多类型的大数据人才培养体系。鼓励高校设立数据科学和数据工程相关专业，重点培养专业化数据工程师等大数据专业人才。"按照肖红叶教授对学科发展格局的判断，社会经济统计应该积极参与经济领域数据工程师专业人才培养。

基于经济统计专业的数据工程师培养探索研究主要包括：（1）大数据技术进步与经济领域大数据应用需求；应用专业人才培养目标和规格。（2）基于认知科学的经济统计教学体系与大数据技术应用对接的研究：课程体系设计和教材体系建设，试验与实践设计。（3）基于大数据的社会经济问题研究范式的探索。（4）大数据技术对经典经济统计教学体系的影响，探索经济统计教学变革的研究等。

4.3 从学科管理角度看统计学如何介入数据科学发展

基于上述讨论，笔者提出以下问题以便深入探讨学科的管理。

第一，在中国的高等教育管理背景下，统计学究竟应该按照哪个门类进行管理，是理学、工学，还是管理学，或者是其他门类？这是一个值得深入思考和审慎处理的学科管理问题。"HMYW 2019统计学报告"对统计学的定位是"跨学科科学"，而且，特别强调学科与社会实践的结合。从中可以得到一点明确的启示，以所谓科学之名强行把统计学按照理学学位管理并不妥当。

第二，按照某些所谓"学科领军院校"的学科发展模式的标准，只开设数理统计课程和计算机课程，极度限制领域知识课程，特别是经济统计学的相关课程，将这种偏科模式推广到全国所有院校，恐怕是一种学科灾难，对满足中国高质量发展的现实社会需求危害极大。如同"HMYW 2019统计学报告"所述，图基先生所批判的那种没有"实际附着"的研究，由"不实假定、武断推测和抽象结果"构成，国家资源沦为个别人争名夺利的盘中餐，实质是学术和教育资源的极大浪费。

第三，中国学生的特点和极化的危险。教育强调基础知识训练，这固然正确，问题在于防止课程结构畸形。数据科学及其社会应用是否需要领域知识的基础训练？学生的课程分布，强调数理基础究竟应该达到什么程度？极而言之，主要甚或全部学时都用来打数理基础行不行？把本校毕业生能够到美国名校读博士作为高水平取向和教育业绩，是否合适？对于以社会经济计量分析为专业方向的学生而言，经济学的课程究竟应该达到什么标准？

从个人成长背景看，中国的大学生都"成功"地经历了十多年的"高考隧道"，本身就存在偏重数理知识的结构性缺陷，再一味加大数理课程，是一种极化接续极化的学习，使学生长者更长，短者更短，铸成畸形的知识结构，对数据科学在社会经济领域的应用究竟有何益处？

总之，如果真正重视应用型数据科学人才的知识需求结构，如果明白"问题导向"在数据科学应用中的切实重要性，如果明白"模糊不确定性"在社会经济现象中的普遍存在性，如果明白"数据整理方法"在数据科学应用中的不可或缺性，就会明确认识到：数据科学在社会经济领域应用时的重心需要做战略调整，而"HMYW 2019统计学报告"为这种调整提供了基本思路。

参考文献：

[1] 耿直. 大数据时代统计学面临的机遇与挑战 [J]. 统计研究，2014，31（1）：5-9.

[2] 洪永淼，汪寿阳. 大数据、机器学习与统计学：挑战与机遇 [J]. 计量经济学报，2021（1）：17-35.

[3] 李金昌. 大数据与统计新思维 [J]. 统计研究，2014（1）：1-15.

[4] 李志军，尚增健. 学者的初心与使命——学术研究与论文写作中的"数学化""模糊化"反思 [M]. 北京：经济管理出版社，2020.

[5] 刘思峰. 灰色系统理论及其应用 [M]. 8版. 北京：科学出版社，2017.

[6] 刘应明、任平. 模糊性——精确的另一半 [M]. 北京：清华大学出版社，2000.

[7] 罗良清. "大数据时代"的数据产品生产 [R]. 北京：统计发展与创新高端论坛, 2019.

[8] 尼克. 人工智能简史 [M]. 北京：人民邮电出版社, 2017.

[9] 邱东. 多指标综合评价方法的系统分析 [M]. 北京：中国统计出版社, 1991.

[10] 邱东. 经济统计学科论 [M]. 北京：中国财政经济出版社, 2013.

[11] 邱东. 大数据时代对统计学的挑战 [J]. 统计研究, 2014 (1)：16-22.

[12] 邱东. 经济测度逻辑挖掘：困难与原则 [M]. 北京：科学出版社, 2018.

[13] 邱东. 宏观管理·政治算术·国势学问——在360年世界经济统计学说发展中反思中国的40年 [R]. 呼和浩特：第20次全国统计科学讨论会, 2019.

[14] 邱东. 社会科学统计学者的操守——数据之"据"和应用的"应"[R]. 烟台：全国企业经济统计学会, 2019.

[15] 邱东. 践行社会济统计的历史使命高质量研判国势 [J]. 中国统计, 2020 (12)：60-62.

[16] 王汉生. 统计学发展方向的选择 [Z/OL]. 统计之都, 2015-10-02.

[17] 王亚南. 经济科学论 [M] //王亚南. 王亚南文选：第1卷. 福州：福建教育出版社, 1988.

[18] 肖红叶. 经济学理论中的概率统计逻辑 [R]. 呼和浩特：全国企业经济统计学会2015年全国企业经济统计科学讨论会, 2015.

[19] 姚东旻, 王麟植, 庄颖. 模糊性情形下互动决策的行为探析 [J]. 经济学报, 2020, 7 (3)：112-140.

[20] 曾五一. 经济统计学如何才能做到不忘初心 [J]. 中国统计, 2020 (2)：43-46.

[21] 张维群. 大数据对统计科学的影响及其应用实例 [R]. 北京：

统计发展与创新高端论坛，2019.

［22］朱建平，谢邦昌，马双鸽，等．大数据：统计理论、方法与应用［M］．北京：北京大学出版社，2019.

后　记

　　笔者第一部专业随笔集《统计使人豁达》于2014年由中国统计出版社出版，张玉妹女士担任责任编辑，时任社长严建辉先生全力支持，时任国家统计局副局长谢鸿光先生亲自作序。

　　说起来，《统计使人豁达》正是笔者的第一篇经济统计随笔，当年应谢鸿光先生力邀而做，据说文中的见解流传甚广，在年度新生的统计专业教育中，屡被当作引子。受到鼓励，又有若干篇随笔跟着出笼，也常被当作课堂教学中的参考。

　　敝帚自珍，笔者特别看重这些随笔。如果谁真正打算了解经济统计学科的格局和核心内容，衷心希望它们能够提供一个比较切实的导向。而要发挥这样的导向作用，笔者以为，经济统计随笔应该具备自序中提到的四种品质。当然，话好说事难做，这种境界只是道出我们共同努力创作的方向。

　　本书是笔者的第二部经济统计随笔集，包括了笔者近些年来在《中国统计》《经济学家茶座》发表的经济统计相关议题的随笔28篇。考虑到内容安排的宏观效果，书中也收录了与经济统计学科格局密切相关的3篇论文：《经济统计学：从德国传统到当代困境》、《经济测度遭遇"系统外部冲击"的颠覆性风险——气候变化经济学模型应该得诺贝尔经济学奖吗？》和《数据科学在社会经济领域应用的重心——兼评〈十字路口的统计学，谁来应对挑战〉》。

　　本书特意收录了2016年纪念谢鸿光先生的小文，鸿光先生是笔者撰写经济统计随笔的引路人，更是中国统计文化的卓越构建者。虽然他先行作别，但这项事业却由我们接续前行。笔者以为，这是对谢鸿光先生最好的纪念。本书同时也收入了当年为祝贺中国统计出版社建社60周年撰写的一篇短文。

笔者深知，收获如此，仅仅靠个人努力是远远不够的。因此在这里要衷心感谢《中国统计》杂志社的张玉妹女士、《经济学家茶座》的詹晓洪先生长期以来对笔者随笔创作的支持，有赖于这样的坚实平台，我的这些奇思异想才得以与读者见面，得以实现一定的"使用价值"。

2020年，笔者的两篇随笔入选首届"维度杯"《中国统计》突出贡献奖作品，衷心感谢国家统计局文兼武先生和评委会诸位的特别信任！我可算是中国统计出版社的资深读者和作者，衷心感谢严建辉先生、叶植才先生、徐辉先生、赵淑焕女士、杨映霜女士等对我长期以来的支持！

还要感谢天津财经大学肖红叶教授、厦门大学曾五一教授、东北财经大学卢昌崇教授、河南财经政法大学陈相成教授、上海财经大学徐国祥教授、浙江财经大学李金昌教授、浙江工商大学苏卫华教授和向书坚教授、江西财经大学罗良清教授对我撰写经济统计随笔的鼓励和支持！

感谢东北财经大学出版社再次出版我的著作！感谢方红星副校长和田世忠社长的热心支持！也感谢刘佳女士作为责任编辑的辛苦工作！本书能够高效率、高质量地出版，得益于东北财经大学出版社长期以来对笔者专业创作的厚爱！

江西财经大学讲席教授

邱东

2021年2月21日